JN324387

足40周年

世界遺産111

[CONTENTS]

第1章 世界遺産を通る鉄道 10

- 12 クラシカルな豪華列車に乗って大迫力のヴィクトリアの滝へ ……… ジンバブエ、ザンビア
- 18 カナディアン・ロッキー山脈の大自然の中を走る列車の旅 ……… カナダ
- 24 グレート・バリア・リーフを望みつつ世界遺産の原始の森へ ……… オーストラリア
- 30 古城群を車窓から楽しむウェールズの歴史が刻まれた ……… イギリス
- 36 ライン川沿いの古城地帯ではなんと川の両岸を鉄道が走る ……… ドイツ
- 40 高級リゾート地レマン湖畔と世界遺産の葡萄畑を満喫する ……… スイス
- 44 神秘的な美しさのバイカル湖に沿って走るシベリア鉄道 ……… ロシア
- 48 COLUMN #01 中国の広大な秘境「武陵源」の奇岩林立地帯にミニトレインで突入！

第2章 世界遺産へといざなう名物鉄道 50

- 幻の空中都市マチュ・ピチュと古都クスコを結ぶ新しい3鉄道 ………ペルー 52
- 世界3大瀑布の1つイグアスの国立公園内を走るエコ列車 ………アルゼンチン 58
- 蒸気機関車とアトラクションが名物のグランド・キャニオン鉄道 ………アメリカ 62
- メキシコの文化と自然とお酒を満喫できるテキーラエクスプレス ………メキシコ 66
- 「走る五つ星ホテル」オリエント急行で水の都へ ………イギリス、イタリアほか 70
- 標高5072mの峠を越える世界最高地鉄道でポタラ宮へ ………中国 76
- 動物が棲むサバンナを抜ける寝台急行で世界遺産の港町へ ………ケニア 80

COLUMN #02
世界一の急勾配を誇るトロッコ列車で一気に谷を下り400m下の太古の森へ! 84

[CONTENTS]

第3章 世界遺産に登録された鉄道 86

世界遺産「アルプス山脈」を走る鉄道 ……イタリア、スイス 90

アルプスの急峻な山岳エリアを縫うように走る驚異の鉄道路線 88

約150年前に建設された世界初の山岳鉄道 ……オーストリア 98

植民地時代に造られたインドの3つの山岳鉄道路線 ……インド 104

COLUMN #03
アルゼンチン北部の大渓谷遺産とそれ以上に人気の「雲の列車」とは!? 108

第4章 世界遺産を結ぶルート ヨーロッパ編 110

フランスの誇るTGVでパリから人気のモン·サン·ミシェルへ ……フランス 112

116	フランス東部の歴史ある街をつなぐローカル線の旅	フランス
120	海上王国の歴史を残す2つの古都を高速列車で巡る	ポルトガル
124	古代〜中世のスコットランドの歴史に思いをはせる旅	イギリス
128	ダイナミックなフィヨルドのエリアを急行列車で巡る	ノルウェー
132	北欧のヴェルサイユ宮殿と巨大産業遺跡を結ぶ高速列車	スウェーデン
136	列車ごと船に乗って海を越す通称「渡り鳥コース」	デンマーク、ドイツ
140	ドイツの高速列車に乗って壮麗な大聖堂と宮殿を巡る	ドイツ
144	世界遺産の建築物が立ち並ぶ中欧の美しい街並を車窓から	ベルギー、ルクセンブルク
148	中欧の世界遺産の2つの都を国際高速列車タリスでゆく	ベルギー、オランダ
152	崖上に建つ絶景の都市と地中海の美しい街を結ぶ超特急	スペイン

[**CONTENTS**]

156	現代と中世の2つの首都間をスペイン版新幹線で一気に移動	スペイン
160	スペイン黄金時代の大聖堂とアルハンブラ宮殿を訪れる	スペイン
164	国際夜行列車に乗ってスペインとイタリアの名作を鑑賞	イタリア、スペイン
168	海沿いの崖にある世界遺産の美しい村々を各駅停車で巡る	イタリア
172	芸術の街フィレンツェとローマを約1時間半で結ぶ超高速列車	イタリア
176	美しい街並に世界遺産の遺跡が集まるローマとナポリ	イタリア、バチカン
180	ナポリ郊外の遺跡と宮殿からイタリア屈指の景勝海岸へ	イタリア
184	ポーランド王国の新旧2都市と世界最古の巨大岩塩坑を巡る	ポーランド
188	ボヘミア地方のローカル列車で中世の古城街道をゆく	チェコ
192	ハプスブルク家の栄華の都とモーツァルトの故郷を旅する	オーストリア

第5章 世界遺産を結ぶルート その他のエリア編 204

- ギリシャ2大都市を結ぶ列車でヨーロッパ文明の発祥を知る ……………… ギリシャ 196
- オランダ名物の風車が立ち並ぶ風情ある路線を走る ……………… オランダ 200
- カッパドキアに出合うためイスタンブールからトルコ横断 ……………… トルコ 206
- 車窓に世界遺産が連続して現れるナイル川沿いのグリーンベルト ……………… エジプト 210
- オスマン帝国、フランス植民地、古代ローマ時代の遺跡を巡る ……………… アルジェリア 214
- イスラムの街並の迷宮都市と古代ローマ遺跡が共存する旅 ……………… モロッコ 218
- 国を縦断する南北統一鉄道でいにしえの都を巡る旅 ……………… ベトナム 222
- 北京の故宮から郊外の長城へ壮大な王朝の歴史をたどる ……………… 中国 226

[CONTENTS]

230 超高速列車KTXで行く王朝の遺跡と先史時代の支石墓 ……… 韓国

234 カリフォルニア湾から観光列車でメキシコ高原の大渓谷を走る ……… メキシコ

238 豪州の海と山の世界遺産を両方味わえる高速列車 ……… オーストラリア

242 ヨーロッパの世界遺産を鉄道で巡るための情報サイト

246 絶対に行きたい世界遺産へ夢の鉄道旅ベスト50
世界遺産&鉄道路線地図一覧

地図の見方

- 海、川、湖など
- 国名
- 都市（駅）名
- 世界遺産名
- テーマの鉄道路線
- その他の鉄道路線 
- 方角
- 距離
- 国境線

※地図は一部を除いて246〜253ページに掲載してあります

010

第1章
世界遺産を通る鉄道

鉄道の路線が世界遺産の中を走っているなど、
列車に乗ったまま堪能できる貴重な世界遺産を集めた。

ジンバブエ、ザンビア

訪れたい世界遺産 ①モシ・オ・トゥニャ／ヴィクトリアの滝

クラシカルな豪華列車に乗って大迫力のヴィクトリアの滝へ

鉄道でヴィクトリアの滝が流れ込むザンベジ川を渡るには、ジンバブエ国鉄を利用する。近年は、電気式ディーゼル車も導入された。

アフリカ大陸南部のザンビアとジンバブエ国境を流れる大河ザンベジ川。その中流に世界3大瀑布の1つヴィクトリアの滝がある。原住民の呼び方はモシ・オ・トゥニャ。雷鳴の轟く水煙という意味だ。その水煙は幅1700m、最大落差110〜150mもある滝壺を覆い尽くしてしまうほどの大迫力で発生。やがて雲のように上昇し、日光によって美しい虹も出る。滝の周辺はジャングル、砂地、渓谷とダイナミックな景観が広がり、アフリカ水牛、カバ、キリン、アフリカ象などの野生生物が生息している。この壮大な滝と自然環境から、現在この地は一大観光スポットとして鉄道駅も整備されている。ジンバブエ国鉄が蒸気機関車による旅客輸送に力を入れているが、人気があるのは世界一の豪華列車を名乗る観光ツアー列車、ロボスレイル。南アフリカのヨハネスブルグからヴィクトリア・フォールズを結ぶルートなど様々なツアーがある。この列車の売りはマウンテン型蒸気機関車と寝台車両だ。クラッシックでありながら超ゴージ

➡ railway DATA　ヨハネスブルグ〜ヴィクトリア・フォールズ　約1200km　014

豪華寝台列車ロボスレイルの「ロイヤルスイート」は、ベッドも広く、快適な鉄道の旅が約束されている。窓も十分な広さがあり、眺めも最高。

ャスに改装された車内。そんな列車に乗ってアフリカの絶景と豪華ディナーを堪能する。

同じく観光列車のジョンゴロー ロ・エクスプレスも、ヨハネスブルグからヴィクトリア・フォールズを目指す。こちらは計4カ国を16日間かけて周遊する人気列車だ。

ロボスレイルの豪華な寝台車両を牽引する、マウンテン型蒸気機関車。

ヴィクトリア・フォールズ駅からヴィクトリアの滝までは徒歩15分ほど。

ヴィクトリア・フォールズ橋は、長さ250m。高さは128mあり、バンジージャンプも体験可。向かって右がジンバブエで左がザンビア。

カナディアン・ロッキー山脈の
大自然の中を走る列車の旅

カナダ

訪れたい世界遺産　②カナディアン・ロッキー山脈自然公園群

カナディアン・ロッキー山脈自然公園群の中の1つ、バンフ国立公園の中を走るのは、観光列車「ロッキー・マウンテニア号」。

ロッキー山脈は、カナダからアメリカまで約4800kmを南北に連なる大山脈。そのカナダ部分にあるジャスパー、バンフ、ヨーホー、クートネーの4つの国立公園と8つの州立公園、野生保護区が世界遺産指定されている。この地は6000万年近く前に、地層が曲がりくねる褶曲運動に加え、氷河が大地を削った結果、生み出された。深い渓谷、険しい山、針葉樹の森、氷河地帯、氷河湖、鍾乳洞などが多数点在し、その野性味あふれる美しさが人々を虜にする。

ジャスパー国立公園には、カナダ東部のトロントからカナダ西海岸のバンクーバーまでを3泊4日の行程で走るカナダ大陸横断鉄道「カナディアン号」で行くことができる。トロントを出た列車は、3日目にハイライトのカナディアン・ロッキーを越え、車窓にはプレーリーと呼ばれる草原から一転、雪を頂いた3000m級の山々と針葉樹の森が現れる。

→ railway DATA　バンクーバー〜バンフ　約650km　ほか　　020

カナダ最大の国立公園であるジャスパー国立公園。左に小さく写っている銀色の車体が、カナダ大陸横断鉄道と呼ばれる「カナディアン号」だ。

そして、ジャスパー駅を過ぎると、カナディアン・ロッキー最高峰のロブソン山の勇姿も眺められる。

また、山脈の車窓をダイレクトに楽しめる鉄道もある。バンフ国立公園の中を走る観光列車「ロッキー・マウンテニア号」だ。バンクーバーを出た列車は1泊2日の行程で、急峻な峠道を越えてバンフ駅までを走り抜ける。車窓には美しい湖も多数現れ、背後の巨大な岩山と溶け合い絶景だ。

バンフ近郊のバーミリオン湖から見えるランドル山（左）とサルファー山（右）。

雪に覆われたジャスパー駅に停車中の、VIA鉄道「カナディアン号」。

カナディアン・ロッキーを代表する風景、バンフ国立公園内にあるモレーン湖。コバルトブルーの湖面にテン・ピークスが綺麗に映る。

オーストラリア

グレート・バリア・リーフを望みつつ世界遺産の原始の森へ

訪れたい世界遺産
③ グレート・バリア・リーフ
④ クインズランドの湿潤熱帯地域

024

ケアンズとキュランダ村を結ぶキュランダ・シーニック鉄道の車窓からは、遠くにグレート・バリア・リーフの海を望むこともできる。

オーストラリア北東部のケアンズには、2つの世界遺産がある。1つは、言わずと知れた世界最大の珊瑚礁エリア、グレート・バリア・リーフだ。ケアンズをほぼ中央に南北2000km以上にもわたるこの海域に

は、2万年前から400種以上もの多種多様な珊瑚が形成されてきた。

そしてもう1つが、クインズランドの湿潤熱帯地域。海岸沿いに広がる広大な熱帯雨林の密林で、その地形はかつて50以上の火山が一斉に噴火してできたと推測されている。

複雑な渓谷、山脈を形成し、さらに海岸からの湿気によって1000種以上の大型植物と800種もの樹木が育つ。独自の植生に加え、コアラなどの哺乳類と昆虫、爬虫類が多数生息し、まさに原始の森を彷彿とさせる風景だ。

この世界遺産は41の国立公園からなるが、その1つ、バロンゴージ国立公園内を走るのが、同国きっての絶

➡ railway DATA　ケアンズ〜キュランダ　約30km

026

渓谷沿いを進むキュランダ・シーニック鉄道。このような難所が多いエリアにもかかわらず、鉄道が100年以上前に造られたとは奇跡だ。

景登山列車として知られるキュランダ・シーニック鉄道だ。走行距離はケアンズからキュランダ間の33kmだが、そのルートは道もない山岳沿いの絶壁にへばりつくようなカーブと橋梁の連続。車窓には、渓谷内を流れるバロン川や滝などの絶景ポイントが続く。

現在では、少し贅沢な旅が楽しめるアップグレード車両の「ゴールドクラス」も登場し、さらなる人気を集めている。

世界最古の熱帯雨林であるデインツリー国立公園。ハイキングコースを歩けば、多種多様な動植物と間近に触れあえる。

バロンゴージ国立公園にはケーブルカーも通っており、上から見下ろす旅も。

ギリンガン国立公園にあるワラマン滝は、オーストラリア最大の滝。

ウェールズの歴史が刻まれた古城群を車窓から楽しむ

イギリス

訪れたい世界遺産 ⑤ グウィネズのエドワード1世の城群と市壁群

ロンドンからアングルシー島のホリーヘッドを結ぶイギリス国鉄。島に入る手前で、8つの塔が印象的なコンウェイ城が現れる。

イギリスはイングランド、スコットランド、ウェールズ、北アイルランドの連合国。1283年、イングランドのエドワード征服王はついにウェールズの攻略に成功するが、それでも独立を叫ぶ反抗的な民衆を屈服させるため、王は強固な城塞を持つ城郭を次々と建設していった。いまも残る当時の4つの城郭が、世界遺産に登録されている。

る砦が多数ある2重城壁になっており、さらにその周囲には堀が造られている。そんな堅牢すぎる造りから、当時のウェールズ人の抵抗がいかに強力だったかを物語っている。カーナーヴォン城は、この地の最大規模を誇る城であり、エドワード王が暮らした王宮でもあった。王宮だけに優雅な外観だが、やはり守りを固める厚い城壁と高い見張り塔が複合的に配されている。

城の構造を見ると、ポーマリス城は兵士が銃を構え近年、妃を迎えたウイリアム王子がアングルシー島に居を構えたが、このグウィネズ一帯は美しい田舎町といった佇まい。ロンドンから、英国鉄道やヴァージン鉄道などの長距離急行列車で、所要時間は約5時間だ。内陸から来た列車はウェールズの海岸線に至ると、世界遺産コンウェイ城に沿って走る。

また、ウェルシュ・ハイランド鉄道の蒸気機関車も近くを走っており、こちらも観光客に人気だ。

➡ railway DATA　コンウェイ～ホリーヘッド　約50km

032

海峡沿いにあるカーナーヴォン城。エドワード2世はこの城で生まれ「プリンス・オブ・ウェールズ」の称号が与えられた。

ウェルシュ・ハイランド鉄道のミニ蒸気機関車。写真の左奥に見えるのがカーナーヴォン城だ。

カーディガン湾の丘の上に建つハーレフ城。保存状態が良く美しい。

イギリスの城塞の中で最高傑作とされるボーマリス城。

ドイツ

訪れたい世界遺産 ⑥ ライン渓谷中流上部

ライン川沿いの古城地帯ではなんと川の両岸を鉄道が走る

古代ローマ時代から交通路として利用されてきた、ヨーロッパ最大級の河川であるライン川。アルプス山系から北海まで1000kmを超えるが、ドイツのコブレンツからビンゲン・アム・ライン間の65kmの渓谷沿いが、世界遺産に登録されている。

この部分は「ロマンチック・ライン」とも称され、川沿いの古く美しい街並が日本人にも人気が高い。川沿いは緑の美しい葡萄畑となっており、丘の頂にはラインシュタイン城など、10〜13世紀の古城が立ち並ぶ。まるで中世にトリップしたかのような光景だ。かつては船乗りを泣かせ

→railway DATA コブレンツ〜ビンゲン・アム・ライン 約70km

IC（都市間特急）が走るケルン〜フランクフルト間にあるライン景勝ルート。車窓には、観光船とまったく同じ景色が展開する。

た川幅が狭まる難所もあり、ここに有名な高さ132mのローレライの岩山がある。

ツアーは観光船が定番だが、両岸に鉄道も走っている。マインツからコブレンツに向かって左岸は、ICE、IC、ドイツ鉄道の高速・長距離線。そして右岸にはローカル鉄道が走る。特急だと、すぐに過ぎてしまうが、各駅停車のローカル線なら古城博物館のような川岸の景観を十分に楽しめる。

037

ライン川渓谷のオーバーベーゼル。川の両岸を鉄道が走る。

ライン渓谷中流上部の名所、ローレライの近くを走るローカル線。

丘の上に建つ難攻不落を誇った城塞カッツ城。通称ネコ城。

スイス

訪れたい世界遺産 ⑦ ラヴォー地区の葡萄畑

高級リゾート地レマン湖畔と世界遺産の葡萄畑を満喫する

スイス有数の高級リゾート地、レマン湖畔。この風光明媚な地には、一面に美しい葡萄の段々畑が広がる。世界遺産に登録されたラヴォー地区の葡萄畑だ。

その広さはローザンヌからモントルーまで約32kmもある。点在するブドウ農園が観光スポットになっており、ツアー客向けの蒸気機関車型のバスが畑の中を走っている。

ワイン製造の歴史は古い。11世紀に住み着いたシトー派の修道士たちが葡萄栽培とワイン醸造を始めた。レマン湖の照り返しの陽光と石壁にこもる熱が芳醇な葡萄を育むという。その技術が村人に伝授され、以来1000年にわたって変わらぬ製法でヴィレットなど多くの銘柄のワインが今も造られている。

ジュネーブからベルン方面のIC（都市間特急）に乗ると、ローザンヌの先の車窓に世界遺産の段々畑が広がる。ローザンヌから各駅停車に乗り換えればモントルーまでの間の約30分、光り輝くレマン湖と段々畑の緑のコラボレーションを車窓からゆっくり味わえる。

→railway DATA ローザンヌ〜モントルー 約30km

葡萄畑とレマン湖、そして雪を頂くアルプスのパノラマは、スイスで最も美しい景色の1つ。

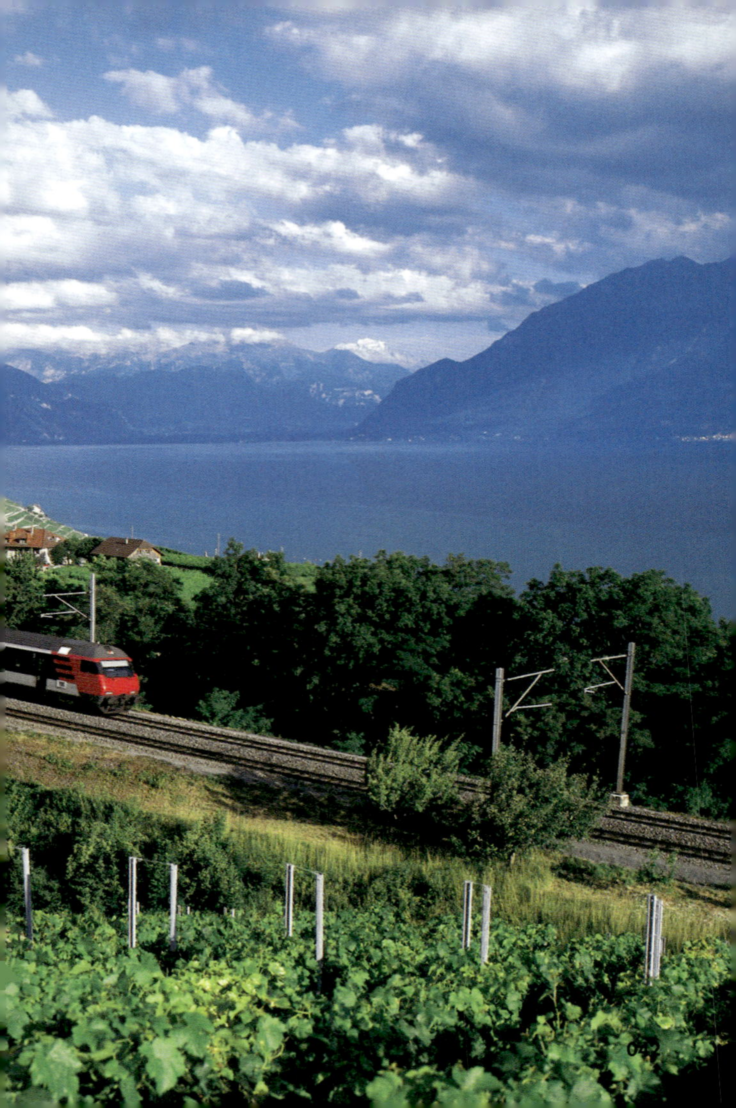

急行が止まるヴヴェイ駅から世界遺産の葡萄畑を訪れるローカル線、通称「レブベルク(葡萄畑)列車」に乗り換えられる。

ロシア

訪れたい世界遺産 ⑧ バイカル湖

神秘的な美しさのバイカル湖に沿って走るシベリア鉄道

日本海に面した極東の港町ウラジオストクからロシアの首都モスクワまで走るシベリア鉄道は、走行距離約9300kmと、世界最長を誇る大陸横断鉄道だ。日本列島（北海道から西表島まで）の実に3倍もの距離がある。

ウラジオストクを出た列車はタイガ（針葉樹林）の中を突き進み、3日目に車窓に現われるのが、世界遺産バイカル湖だ。

山脈に囲まれた澄み渡る湖面は、ロシアの真珠といわれるように神秘的な美しさを醸している。大きさは琵琶湖の50倍、最大水深は約1700m。世界でもっとも貯水量が多く、透明度

→railway DATA　ウランウデ〜イルクーツク　約400km

044

行程7日に及ぶシベリア鉄道の車窓のハイライトはバイカル湖。波がない大海原のようなその景色に、誰もが心を奪われる。

の高い湖なのだ。また、古生代から存在している最古の湖でもあり、淡水で生息するバイカルアザラシなど、固有種が多数いることから、ロシアのガラパゴスともいわれる。

バイカル湖の観光拠点の街、イルクーツクを後にしたシベリア鉄道は、果てしない平原をひた走り、やがてウラル山脈の険しい峠を越える。終点のモスクワに列車が着くのは、出発から7日目だ。

様々な車体色があるシベリア鉄道の特急ロシア号。

「シベリアのパリ」と称されるイルクーツクの街並。

バイカル湖の冬は最低気温
マイナス19℃。1年の半分
近くは、一面氷で覆われる。

COLUMN #01

中国の広大な秘境「武陵源」の奇岩林立地帯にミニトレインで突入！

大ヒットした映画『アバター』の惑星パンドラのモデル地として、最近人気の世界遺産が中国中部・湖南省にある武陵源。広大な山岳地帯に高さ数百mに及ぶ奇岩が３１００以上も林立し、崖上からはまさに岩が雲の中に浮いて見える絶景だ。この遺産内の十里画廊地区。その名の通り水墨画の世界が展開する地に、

048

>> 世界遺産 9
武陵源の自然景観と歴史地域

中国湖南省の武陵源は1979年に発見された少数民族が暮らす秘境。数億年前の海底が地殻変動で隆起して山脈となり、長年の風雨浸食によって奇峰、怪石が林立する地となった。ミニ列車以外にロープウェイ、観光エレベーターも整備されている。

観光用ミニトレインが走る。約5kmの路線沿いに、「空に向かって吼える虎」などの名前のついた奇岩が次々と現れる。

050

第2章
世界遺産へといざなう名物鉄道

特定の世界遺産へ向かう観光列車を中心に、
鉄道自体も魅力的な路線を紹介する。

ペルー

訪れたい世界遺産
⑩ マチュ・ピチュの歴史保護区
⑪ クスコ市街

幻の空中都市マチュ・ピチュと古都クスコを結ぶ新しい3鉄道

標高2400mの尾根に築かれた遺跡。中央の右に建つのが太陽の神殿。その隣には女王の神殿もある。また遺跡内にはラマが放し飼いされている。

南米ペルーのアンデス山脈の中にあるインカ帝国の空中都市遺跡マチュ・ピチュ。近年日本人観光客も増えている、このアンデスの秘境の世界遺産へ行くには、同じく世界遺産であるクスコ市街からの鉄道が欠かせない。秘境ゆえに直行バスが通れる道や空路は整備されていないからだ。
クスコからマチュ・ピチュの麓にあるアグアス・カリエンテス駅までは、民営化されたペルー・レイル（旧ペルー国鉄）がオリエント急行で有名なオリエント・エクスプレス・ホテルズと資本提携し、「ハイラム・ビンガム号」という観光列車を運行している。この車両はアマゾン川支流沿いの深い渓谷地帯を車窓から眺めながら、ホテルのシェフが提供する豪華ランチを堪能できるのが売りだ。また、屋根がガラス張りになった展望列車の「ビスタドーム号」もある。
これらペルー・レイルは、各列車1日1往復のみと予約が取りにくいのが難点だった。しかし、近年ペルー政府は観光客誘致に力を入れ、09年に同じ路線を走る革張り＆冷暖房完備の新車両が売りのインカ・レイルが新規参入した。さらに同年には、第3の鉄道会社としてアメリカのアンデアン鉄道がインカ遺跡のある街、

13〜16世紀の間、インカ帝国の首都だったクスコの街並。スペインの侵略時にも壊されなかった、インカの強固な石組みの建物が一部残っている。

オリャンタイタンボからマチュ・ピチュに至るルートに参入（マチュ・ピチュ・トレイン）。新規参入2社は1日3往復で運行、遺跡観光の列車は大いに充実した。
クスコからマチュ・ピチュの麓までは約3時間の道のり。アンデス山脈のダイナミックな渓谷の中を列車は駆け抜ける。駅を降りて、九十九折の山道を登り、眼下に雲が流れ出すころ、スペイン軍の攻撃を逃れた奇跡の遺跡が姿を現すのだ。

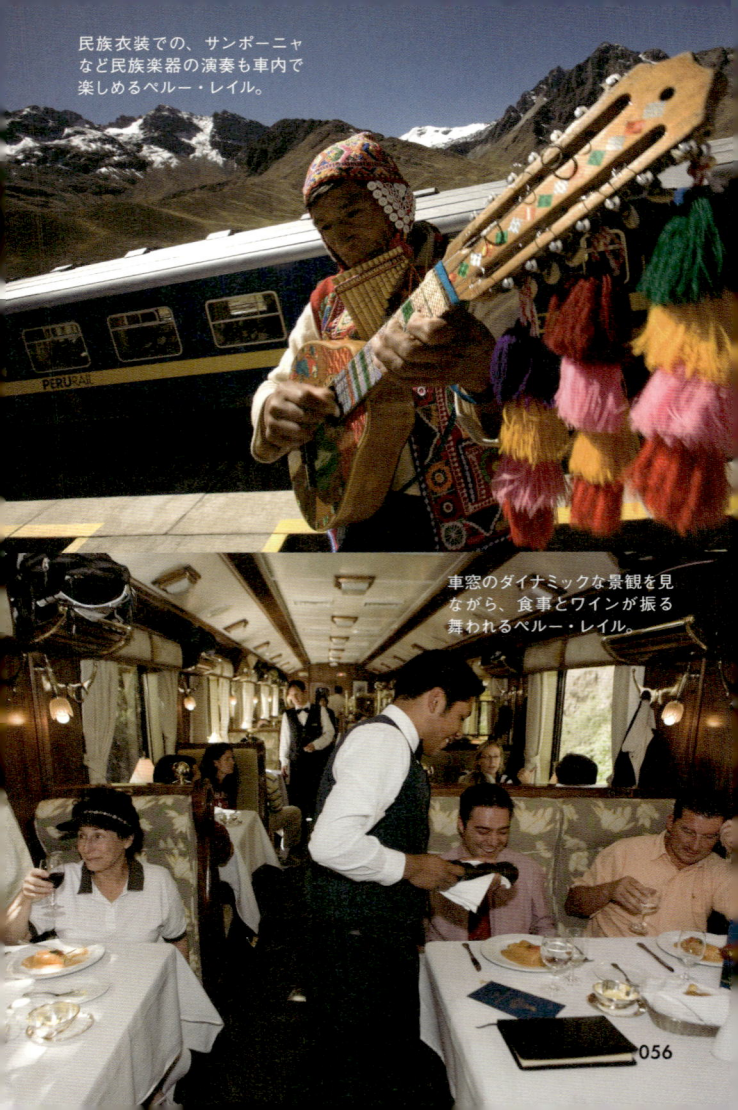

民族衣装での、サンポーニャなど民族楽器の演奏も車内で楽しめるペルー・レイル。

車窓のダイナミックな景観を見ながら、食事とワインが振る舞われるペルー・レイル。

車内にバーカウンターやサロンもある豪華なインカ・レイル。

低料金ながら車内は快適なマチュ・ピチュ・トレイン。

アルゼンチン

訪れたい世界遺産 ⑫ イグアス国立公園

世界3大瀑布の1つイグアスの国立公園内を走るエコ列車

ブラジルからアルゼンチンにまたがるジャングルの中を蛇行して流れる大河イグアス。その国境付近には巨大な大地の裂け目があり、幅2700mにもわたって大小275もの滝が水しぶきを上げて、下のパラナ川に落ちていく。その落差は80mもあり、壮大な「水のカーテン」ともいえる絶景を見せている。

世界3大瀑布の1つイグアスの滝は、アルゼンチンとブラジル双方からアクセス可能。もっとも水量が多くダイナミックで、原住民が「悪魔ののど笛」と呼んでいた最深部は、アルゼンチン側にある。

滝の周辺一帯は、世界遺

→railway DATA 中央駅～悪魔ののど笛駅 約6km

058

まるで滝の博物館のように大小さまざまな滝が流れるイグアスの滝。階段状の崖を下るように流れる滝の景色も美しい。

産に指定されるイグアス国立公園のジャングルだが、悪魔ののど笛までは、ビジターセンターからエコ列車が走っている。列車は赤茶色の台地と森の中を20分ほどゆっくり走り、「悪魔ののど笛駅」に到着する。こから遊歩道を1時間半ほど歩いた先に、最大水量の滝が姿を現す。

その水量はすさまじく、水煙が一面に舞い上がり、もはや滝壺はまったく見えない状況だ。

公園内はエコ列車で移動。ジャングルの中を滝まで走っていく。

展望台が複数あり、いろいろな角度から滝を堪能できる。

圧巻の、滝壺に突っ込むボートのアトラクションも人気だ。

アメリカ

訪れたい世界遺産
⑬グランド・キャニオン国立公園

蒸気機関車とアトラクションが名物のグランド・キャニオン鉄道

米国アリゾナ州にある世界有数の渓谷グランド・キャニオン。観光は、拠点となるラスベガスから飛行機か車でのツアーが一般的だが、特に鉄道ファンと西部劇ファンには嬉しい鉄道路線がある。アリゾナ州ウィリアムズ駅からグランド・キャニオン駅まで103kmを結ぶグランド・キャニオン鉄道だ。

1901年に開業し、その後廃線になったが、89年に復活。夏場は創業時の蒸気機関車が走り、他の時期は展望車両もあるディーゼル機関車が牽引する観光列車となっている。また、出発前のカウボーイの銃撃戦、車内では列車強盗のアトラ

→ railway DATA　ウィリアムズ～グランド・キャニオン　約100km

荒野のただ中を走り抜けるグランド・キャニオン鉄道。天井がガラス張りの展望車両もある。

クションが名物だ。
　コロラド高原の砂漠の中を走ること2時間で、列車はグランド・キャニオン駅に到着。ここから崖下にせり出す自然の岩山、マーサー・ポイント展望台はもう間近だ。
　グランド・キャニオンは20億年分11層もの地層が刻まれた、高さ1800mの大渓谷。その長さは東京〜盛岡間に匹敵する450km。地平線全体が渓谷というその巨大さに言葉を失う。

夏限定でかつて鉄鉱石を運んだ大型の蒸気機関車が走る。

1億年前の造山運動と川の浸食が生んだ壮大な大渓谷。

サウスリムにあるマーサー・ポイント。もっとも見晴らしがよい。渓谷の西側には、ガラス床がせり出す展望台「スカイウォーク」も。

メキシコ

訪れたい世界遺産
⑭リュウゼツラン景観と古代テキーラ産業施設群
⑮グアダラハラのオスピシオ・カバーニャス

メキシコの文化と自然とお酒を満喫できるテキーラエクスプレス

メキシコ特産のリュウゼツランという植物から作られるテキーラは、メキシコを象徴する蒸留酒として知られる。1000年以上前からプルケという醸造酒が作られていたが、16世紀に入植したスペイン人修道士がこのプルケからテキーラを蒸留し、世界的に知られるようになったという。

グアダラハラ近郊にある当時から続く蒸留施設群とリュウゼツランの畑の景観が世界遺産に登録されている。観光客に人気なのは、テキーラの文化を体験する観光ツアー列車、テキーラエクスプレスだ。丸1日をかけて蒸留工場のある駅まで運行されるが、車内ではテキーラが飲み放題。メキシコ伝統音楽のマリアッチの生演奏

→railway DATA　グアダラハラ〜テキーラ　約60km

066

駅を出ると、車窓にはリュウゼツランの畑の景色が広がる。遠くにはテキーラの名前の由来であるテキーラ火山も。

や民族舞踊なども披露される。目的地は、エラドゥーラという老舗メーカー。ここでテキーラ作りの全工程を見学する。
　グアダラハラには18世紀に司教が建てた壮麗なゴシック建築の総合病院、オスピシオ・カバーニャスがあり、こちらも世界遺産だ。

テキーラのウエルカムドリンクが振る舞われた後、車内では音楽隊による演奏が始まる。メキシコ人はどこまでも陽気だ。

現在は文化会館であるオスピシオ・カバーニャス。

テキーラの原料リュウゼツランはメキシコから米国南西部にのみ自生。今も昔と変わらぬ方法で栽培から蒸留が行われている。

最古のテキーラ・ブランド「クエルボ」の蒸留所。

イギリス、イタリアほか

訪れたい世界遺産

「走る五つ星ホテル」オリエント急行で水の都へ

⑯ウェストミンスター宮殿ほか ⑰ロンドン塔 ⑱キュー王立植物園 ⑲ヴェネツィアとその潟 ⑳ドナウ河岸、ブダ城地区（ブダペスト）

オリエント急行は、18〜パリ〜ヴェネツィア間だ。83年に運行が始まった超豪華寝台列車だ。1920年代に全盛期を迎えたが、戦後は航空旅客機に押され、70年代に廃止、80年代にVSOE（ベニス・シンプロン・オリエント・エクスプレス）として再開した。定期運行ルートは、ロンドン〜パリ〜ヴェネツィア間だ。

出発駅となるロンドン・ヴィクトリア駅は、世界遺産のウェストミンスター寺院の近く。11世紀の建立以来、歴代王の戴冠式が行われている、イギリス随一の名所だ。また市内には、ロンドン塔とキュー王立植物園といった世界遺産もある。

昼前にロンドンを発つオリエント急行は、気品あるブリティッシュ・プルマンと呼ばれる車両。途中、英仏海峡トンネルを経てフランスに入ると、今度は紺色の豪華車両に乗り換える。キャビン（客室）の豪華さはもちろん、高級ホテル同様のディナーやベットメークなどのサービスを堪能し、その日は車中泊。翌朝は、車窓にアルプスの絶景を楽しみながら朝食がとれる。その後も車内で、買い物、

070

「アドリア海の女王」や「アドリア海の真珠」の異名を持つヴェネツィアは、英語由来でヴェニス、ベニスとも呼ばれる。

ランチ、イタリアの景色、アフタヌーンティーなどを楽しんでいると、夕方に列車は海に浮かぶ水の都ヴェネツィアに到着する。潟（砂の小島）に建てられた都は、東京湾の約半分の広さで、運河が交通路。近代的な建物は少なく、中世の雰囲気が漂う美しい街並だ。

また、ヴェネツィア〜ブダペスト〜ロンドン4泊5日などの特別運行ルートも存在。これなら、経由都市の世界遺産も観光できる。

ディナーとランチで利用する、
オリエント急行の食堂車。

ヴェネツィアのサンタ・ルチア
駅を出ると、すぐ前が運河だ。

アルプスの山間を抜けるVSOE。赤い機関車に牽引されるのは、オリエント急行の象徴ともいえる紺色の豪華車両「ワゴン・リー」。

定期運行ルートと特別運行ルートで経由する5都市

ポーランド

クラクフ
ヴェネツィア〜クラクフ〜ドレスデン〜ロンドン
（7泊8日）

プラハ
ヴェネツィア〜プラハ〜ロンドン
（4泊5日）

チェコ

スロヴァキア

ドナウ川

ウィーン
ヴェネツィア〜ウィーン〜ロンドン
（4泊5日）

ブダペスト
ヴェネツィア〜ブダペスト〜ロンドン
（4泊5日）

インスブルック
ブレンネル峠
ブレッサノーネ

オーストリア

ハンガリー

アルプス山脈

スロヴェニア

クロアチア

ガルダ湖
ヴェネツィア（ベニス）
ヴェローナ
ポー平原川
ヴェネツィア湾

ボスニア・ヘルツェゴビナ

ロンドン塔（ロンドン）

ドナウ河岸、ブダ城地区（ブダペスト）

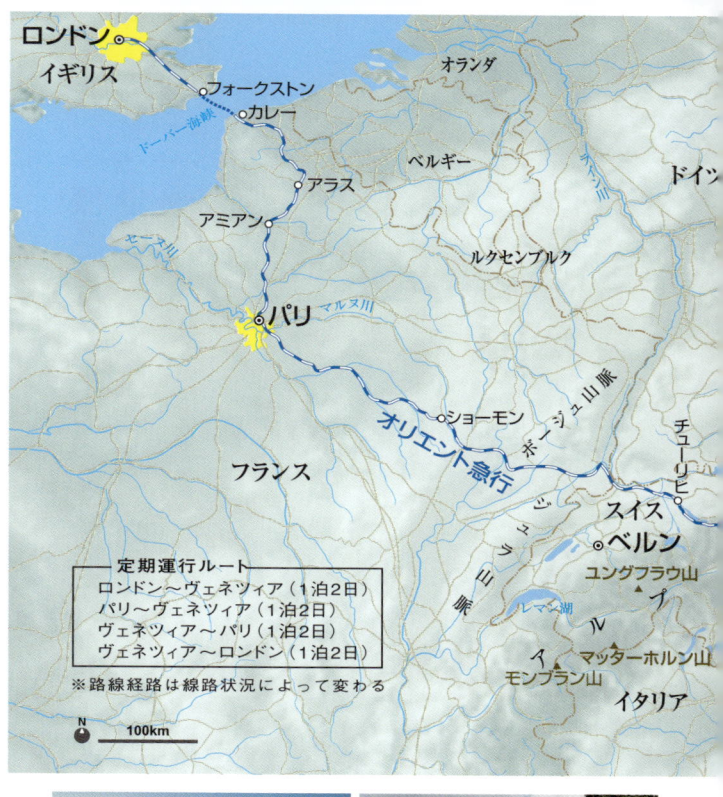

地図

- ロンドン（イギリス）
- フォークストン
- カレー
- ドーバー海峡
- アラス
- アミアン
- ソンム川
- パリ
- マルヌ川
- ショーモン
- ヴォージュ山脈
- オリエント急行
- フランス
- ルクセンブルク
- ベルギー
- オランダ
- ライン川
- ドイツ
- チューリヒ
- ジュラ山脈
- スイス
- ベルン
- ユングフラウ山
- レマン湖
- マッターホルン山
- モンブラン山
- イタリア

定期運行ルート
- ロンドン〜ヴェネツィア（1泊2日）
- パリ〜ヴェネツィア（1泊2日）
- ヴェネツィア〜パリ（1泊2日）
- ヴェネツィア〜ロンドン（1泊2日）

※路線経路は線路状況によって変わる

N　100km

ウェストミンスター宮殿（ロンドン）

キュー王立植物園（ロンドン）

中国

訪れたい世界遺産

㉑ラサのポタラ宮歴史地区

標高5072mの峠を越える世界最高地鉄道でポタラ宮へ

中国チベット自治区の都ラサは、標高3650mの山間にある。街の中心地の丘に威風堂々とそびえるのが、チベット仏教の聖地ポタラ宮である。

その高さは117m、東西420m、建築総面積は13万㎡もあり、内部には1000もの部屋。どの間も極彩色の仏教壁画で埋め尽くされている。石組と材木で300年かけて建てられた、世界最大級の城塞型宮殿だ。

このポタラ宮の立つラサと西寧を結ぶ青蔵鉄道が06年に開通した。総距離1956kmを24時間かけて走る寝台列車だ。

この列車の凄さは、なん

→ railway DATA 西寧〜ラサ 約2000km

青海省西寧と西蔵自治区を結ぶ青蔵鉄道。車窓には広大な青海湖や遊牧民が暮らす大草原が。やがて列車は山脈を登り始める。

といってもタングラ峠の標高5072m地点を通ること。世界一の高度を走る列車としてギネスブックに登録されている。

高度による酸素濃度の薄さは、航空機の技術を転用した最新技術や車内に装備されている酸素チューブでカバーする。

ハイライトである最高標高のタングラ峠からの車窓には、青く輝く空と雪山の幻想的な眺め。まさに天空の列車だ。

鉄道最高標高(5072m)付近のタングラ峠での車窓風景。

ポタラ宮の景観と似せて建てられた終点のラサ駅。

ポタラとは「観音様の住む山」の意味。宮殿内には歴代ダライ・ラマの霊塔（墓）もある。現在は、博物館として公開されている。

ケニア

訪れたい世界遺産
㉒モンバサのジーザス要塞
㉓ミジケンダの聖なるカヤの森林

動物が棲むサバンナを抜ける寝台急行で世界遺産の港町へ

その昔、奴隷貿易の拠点だったインド洋に面するアフリカのケニアにある港町、モンバサ。白い砂浜と青い澄み渡った海が美しい街は、ケニア有数の観光地だが、海岸線には16世紀にポルトガル人が列強から港を守るために建てた城塞が当時の状態のまま残っている。2011年に世界遺産に登録されたばかりのジーザス要塞だ。

また、この周囲の沿岸エリアにあり、ミジケンダの聖なるカヤの森林も世界遺産。原住民ミジケンダ族は16世紀、奴隷制の侵略者から村を守るため、木々で覆われた円形の要塞村(カヤ)を造った。カヤはやが

→railway DATA ナイロビ〜モンバサ 約450km

080

アフリカの名列車サバンナ急行。ナイロビ国立公園の野生生物が棲む草原の横をゆったりした速度で走る。

て信仰の対象となり、今日も11カ所残っている。

そんな暗い歴史を持つ美しい港町モンバサへは、首都ナイロビからケニア国鉄が結ぶ。サバンナ急行で知られる寝台列車は、14時間かけて集落が点在する大自然の台地を走る。

その路線は動物保護区沿いで、キリン、ライオン、シマウマ、ガゼルなどの野生動物が生息。野生動物ウオッチングの列車としても人気が高い。

世界遺産の中で子どもたちが遊ぶ光景はアフリカらしい。

世界遺産登録された9つのカヤの中でも代表的なギリアマ

浜辺に建つジーザス要塞。砦から牢獄になり、今は博物館。アフリカでは珍しいヨーロピアンスタイルの砦である。

COLUMN #02

世界一の急勾配を誇るトロッコ列車で一気に谷を下り400m下の太古の森へ！

オーストラリアのグランド・キャニオンと呼ばれるブルー・マウンテンズは、シドニーから西へ約50km。緑豊かな森と大渓谷の観光名物となっているのが、シーニック・ワールドにあるトロッコ列車だ。もともと炭坑運搬用だった列車は、なんと52度という超急勾配でジャスミン渓谷の急峻な崖を降りていく。スピードも

>> 世界遺産 24
02 グレーター・ブルー・マウンテンズ地域

大渓谷と山々は、大気まで青くかすんで見える絶景。これは一帯に繁茂しているユーカリの木の油が気化し、空気が太陽反射で青く見えるためだ。

速い。出発はインディー・ジョーンズのテーマソングとともに。もはや列車というよりも、ジェット・コースターだ。

Bratislava
Vienna
Österreich
Austria
Munich
HUNGARY
CROATIA
SERBIA
Sarajevo
ITALIA
ITALY

第3章
世界遺産に登録された鉄道

960を超える世界遺産の中でたった3ヵ所！
文化遺産に登録された稀少な鉄道はこれだ。

イタリア、スイス

アルプスの急峻な山岳エリアを縫うように走る驚異の鉄道路線

訪れたい世界遺産
㉕㉖レーティシュ鉄道アルブラ線・ベルニナ線と周辺の景観
スイス・アルプス ユングフラウ–アレッチュ

スイスのクールに本社を置き、多くの路線を持つレーティシュ鉄道は、鉄道路線自体が世界遺産。登録されているのは、アルプス山脈を横断する絶景ルートのベルニナ線とアルブラ線だ。

イタリアのティラーノを出たベルニナ線は、標高4000m級のベルニナ山群を望みながら、大氷河が迫るスイスのサン・モリッツまで。標高429mから2253mまでを一気に駆け登る。これは登山鉄道並の標高差だが、歯車のラック式レールは使われていない。車窓からはアルプスの美しい峰や湖が次々と現れるが、絶景の本番はサン・モ

リッツからトゥージスまでを走るアルブラ線。急峻なカーブ、石橋、トンネルが連続するのだ。アルブラ峠を越えるトンネルは、総延長5866mも。そして、列車は最大のハイライトを迎える。絶壁から絶壁へと渡る高さ65mの石橋のランドヴァッサー橋だ。長さ136mの橋は急カーブを描き、渡り終わると、列車は空中から岩山に吸い込まれるようにトンネルへ入っていく。

railway DATA ティラーノ〜トゥージス 約100km

アルブラ線のランドヴァッサー橋。この橋はすでに1902年に造られており、2008年、実に106年の時を経て修復工事が行われた。

ベルニナ線・ブルージオ駅付近にあるループ橋。円を描くように回ることで標高差をカバーできる、レーティシュ鉄道の優れた技術力の象徴でもある。

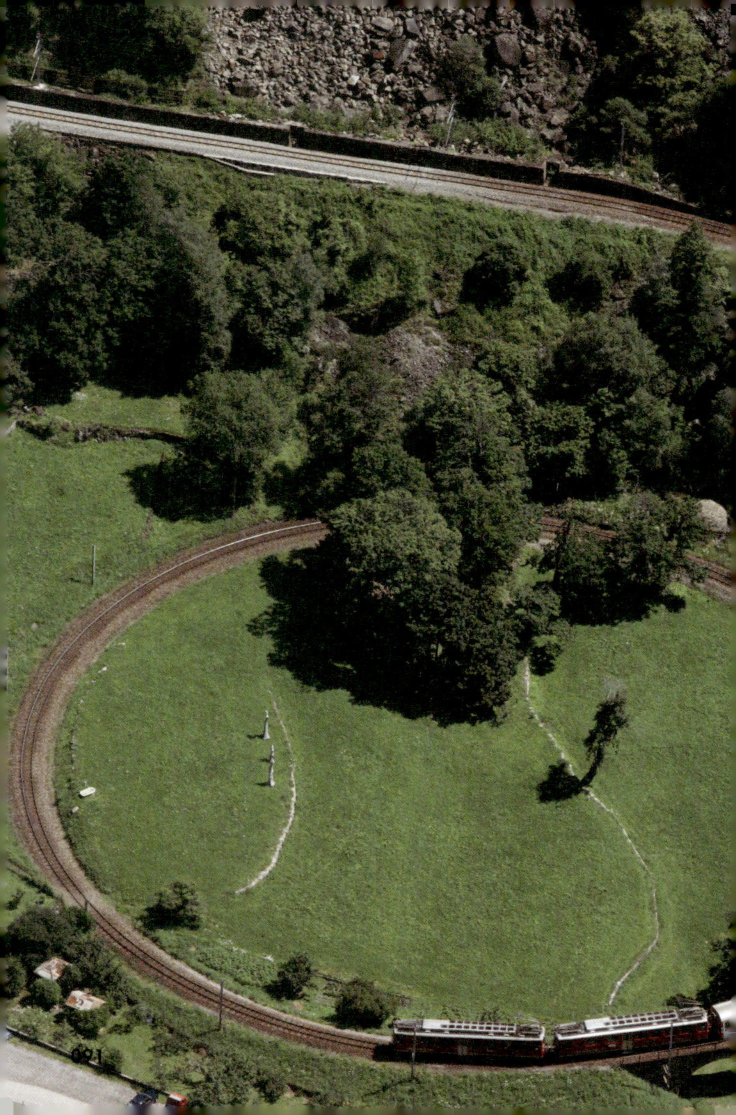

地図

ドイツ
- シャフハウゼン
- コンスタンツ
- ボーデン湖
- フラウエンフェルト
- ロールシャハ
- バーデン
- ヴィンタートゥール
- ザンクトガレン
- チューリッヒ
- チューリヒ湖
- ベルゲン
- ヴェーデンスヴィル
- ブックス
- **オーストリア**
- ツーク
- リヒテンシュタイン
- シュヴィーツ
- グラルース
- フィアヴァルトシュテッテ湖
- アルトドルフ
- グラルース・アルプス
- ライヒェナウ
- クール
- ダボス
- アー ン山
- ダボス線
- **アルブラ線**
- レーティッシュ・アルプス
- **フルカ山岳蒸気鉄道**
- フォイデア・ライン川
- トゥージス
- イン川
- ベルト
- アンデルマット
- ランドヴァッサー橋
- サンクト・ゴッタルド峠
- プレダ
- **レーティシュ鉄道**
- 峠
- サン・モリッツ
- **←氷河急行**
- ベルニナ山
- ベルニナ峠
- **ベルニナ線**
- **アルプス山脈**
- ブルージオのループ橋
- ティラーノ
- ロカルノ
- ルガーノ
- コモ湖
- **イタリア**
- ート鉄道
- マジョーレ湖
- コモ

092

レーティシュ鉄道と世界遺産「アルプス山脈」を走る鉄道

フランス

バーゼル
リースター
ドレモン
オル
ドゥー川
ブザンソン
ゾーロトゥルン
アール川
ビール
スイ
ビール湖
ピラトゥス
ブルクドルフ
ル
ヌシャテル
ピラト
ベルン
ジュラ山脈
ヌシャテル湖
ブリエンツ・ロートホルン鉄道
イヴェルドン
フリブール
トゥーン
ブリエンツ
シュピーツ
インタ
ゴールデンパス・ライン
ツヴァイジンメン ユングフラウ
モルジュ
ローザンヌ
鉄道群
ヴヴェー
ユングフラウ
レマン湖
モントルー
ニオン
ベルナー・オーバーラント
モンテ
シェール
ジュネーブ
フィスプ
シオン
シンプロン
ペニーネ・アルプス
マルティーニ
ツェルマット
ゴル
シャモニー
ゴルナー
マッターホルン山
モンテ
モンブラン山
グランサンベルナール峠

N 20km

アルプスを走る多くの列車の中でも、特に有名なのがサン・モリッツからツェルマットを結ぶ氷河急行。約300kmの距離を時速55km以下で7時間半かけて走る"遅い"急行は、ガラス張りの天井にゆっくりとアルプスの景観が流れ、終点のツェルマットではマッターホルンに出合える。

ただし、肝心の氷河を見るためには、（路線の変更により）旧線を走るフルカ山岳蒸気鉄道に乗る必要があるので注意すべし。

ほかでは、モントルーからルツェルンまでを結ぶゴールデンパス・ラインも人気が高い。レマン湖などの美しい湖、アルプス、牧草地、葡萄畑など、スイスらしい情景を一気に味わえる。

途中のインターラーケンからは名峰ユングフラウに登る鉄道群があり、標高3454mにあるユングフラウヨッホ駅はヨーロッパ最標高を誇る。同じくゴールデンパス・ラインの途中には、世界最高勾配を誇るピラトゥス鉄道も。これらのほかにもアルプスには魅力的な景勝鉄道が目白押しだ。

車外の絶景を、窓なしに味わうことができる独特な車両が特徴のブリエンツ・ロートホルン鉄道。

094

ピラトゥス鉄道を利用すれば、標高2000mを越すピラトゥス山の山頂に直接登ることができる。

欧州最高高度の駅ユングフラウヨッホを目指すユングフラウ登山鉄道。

金の車体が美しいゴールデンパス・ラインはフィアヴァルトシュテッテ湖とレマン湖を結ぶ。

標高3000m級のゴルナーグラート鉄道。背後に見えるマッターホルン山は約4500m。

ユングフラウ鉄道群のターミナル駅クライネシャイデックの絶景。

オーストリア

訪れたい世界遺産
27 セメリング鉄道

約150年前に建設された世界初の山岳鉄道

1854年に建造された古代ローマの水道橋のような形をしたカルテリンネ橋。この先には全長1.4kmのゼメリングトンネルがある。

山あいにあるゼメリング駅。ここには、世界遺産の碑や資料館、ハイキングコースやロープウェイ（営業日に注意）などもある。

ヨーロッパでレーティシュ鉄道と並んで、もう1つ世界遺産に登録される鉄道がある。

オーストリアのゼメリング鉄道は、1848年から1854年に建設された、アルプスを越える世界初の山岳鉄道だ（1998年に、鉄道として世界遺産登録されたのも初めて）。

当時は標高1000mのゼメリング峠に鉄道建設は物理的に不可能とされた。

しかし、14のトンネル、16

→ railway DATA **グログニッツ～ミュルツツーシュラーク　約40km**

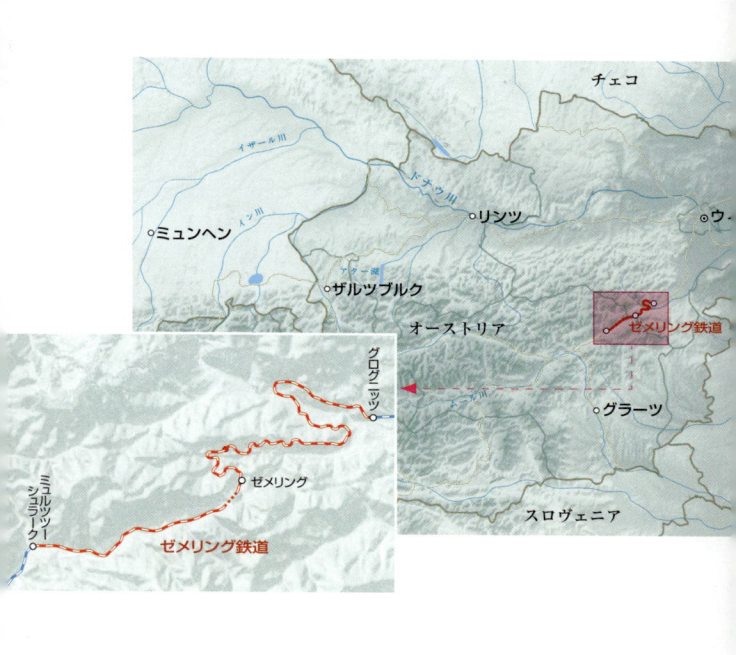

の高架橋、100を超える石橋、11の鉄橋、S字カーブやオメガ字カーブなど、優れた設計技術によって困難を克服したのだ。

全長はたかだか約42km、高低差は460mだが、日本にはまだ鉄道も走っていなかった150年以上前と考えれば画期的な出来事だといえる。古代ローマ建築様式を取り入れた重厚な石組み2層式の高架橋は、遺跡のような絶景で、今なお現役だ。

基本的に標高は高く、冬にはもちろん雪景色も楽しめる。

風光明媚なオーストリアの山岳地帯を抜ける路線だ。

現在は、首都ウィーンから古都グラーツに至る電化された基幹路線の一部となっており、インターシティなど多数の列車が走っている。

植民地時代に造られたインドの3つの山岳鉄道路線

インド

訪れたい世界遺産
㉘インドの山岳鉄道群

インドはイギリス植民地時代に5万kmを越える鉄道網が造られ、今も全域をくまなく鉄道が走る鉄道王国だ。1880年にアジアで最も古い山岳鉄道としてネパール国境沿いに敷設されたダージリン・ヒマラヤ鉄道が世界遺産となっていたが、その後南部を走るニルギリ山岳鉄道と北部を走るカールカー＝シムラー鉄道も追加登録され、インドの山岳鉄道群となった。

最も有名なダージリン・ヒマラヤ鉄道は、ヒマラヤ山脈の麓街から標高2100mまでを結ぶ。線路幅はかなり狭く、旧式の小型蒸気機関車が今も現役で走り、「トイトレイン」の愛称で親しまれている。

ニルギリ山岳鉄道も、急勾配部分だけラック式（歯車で登る形式）の蒸気機関車が牽引する。また、カールカー＝シムラー鉄道は時代を感じさせる石造りの橋が名物。3鉄道とも急勾配を登るため、当時の数々の最新技術が使われており、いまも当時とあまり変わらぬ姿で運行されている。山岳鉄道ゆえの絶景と、牧歌的な風景が楽しめる路線だ。

104

ミニSLがヒマラヤの山腹を約5時間かけて登っていく、ダージリン・ヒマラヤ鉄道。もともとは紅茶を運ぶために作られたという。

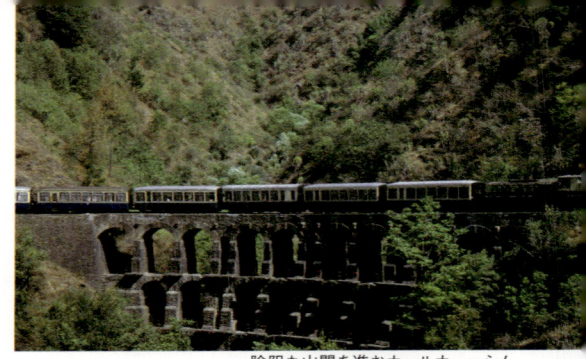

険阻な山間を進むカールカー＝シムラー鉄道は、橋の数が800を超す。

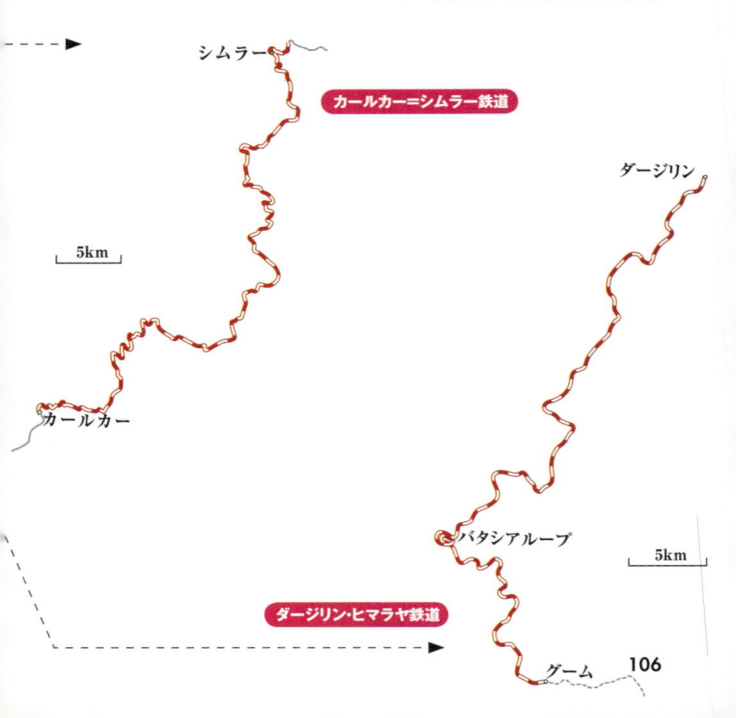

シムラー

カールカー＝シムラー鉄道

ダージリン

5km

カールカー

バタシアループ

5km

ダージリン・ヒマラヤ鉄道

グーム

ニルギリ山岳鉄道の勾配はかなり急。高原の風景が眼下に広がる。

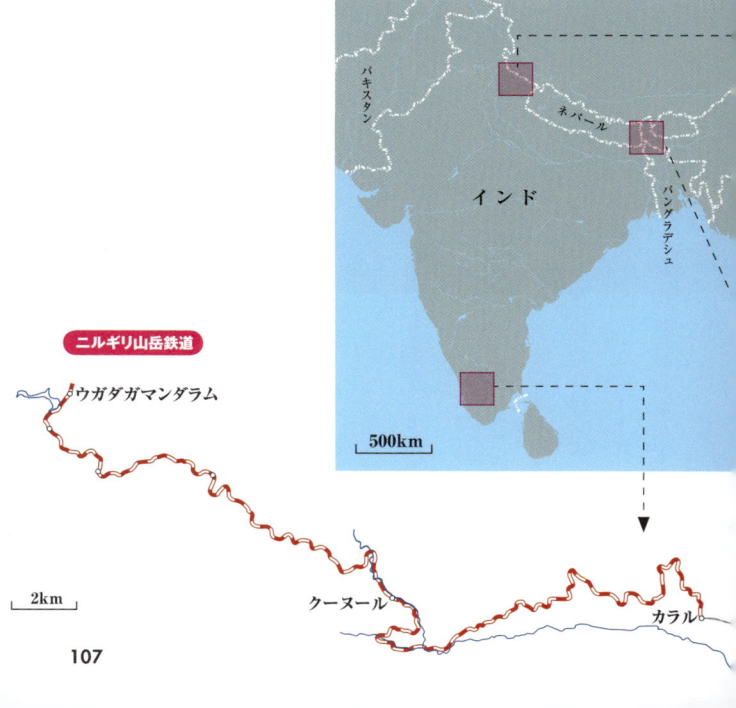

ニルギリ山岳鉄道

ウダガマンダラム

2km

クーヌール

カラル

500km

パキスタン
インド
ネパール
バングラデシュ

107

COLUMN #03

アルゼンチン北部の大渓谷遺産とそれ以上に人気の「雲の列車」とは!?

アルゼンチン北部の街サルタは世界遺産「ケブラーダ・デ・ウマワーカ」の観光拠点。だが、この大渓谷以上に人気なのが、サルタからアンデスの標高4220mまでを走る「雲の列車」だ。世界2位の鉄道標高を誇る列車は、崖の斜面を縫うように駆け登る。ハイライトは、最高標高にあるポルボリージャ鉄橋（写

03 トレン・ア・ラス・ヌベス（雲の列車）

ケブラーダ・デ・ウマワーカは全長150kmを超える大渓谷地帯。渓谷内には、先史時代の集落遺跡「プカラ」や道の跡がある。山肌は様々な色と形の地層が露出する絶景。一帯にあるサボテンが生えるアンデスらしい古い田舎町の景色も見ものだ。

真）のたもと。列車はここで折り返し、サルタの街へ戻る。アンデス山の眺めを、まさに雲の目線で満喫できる列車だ。

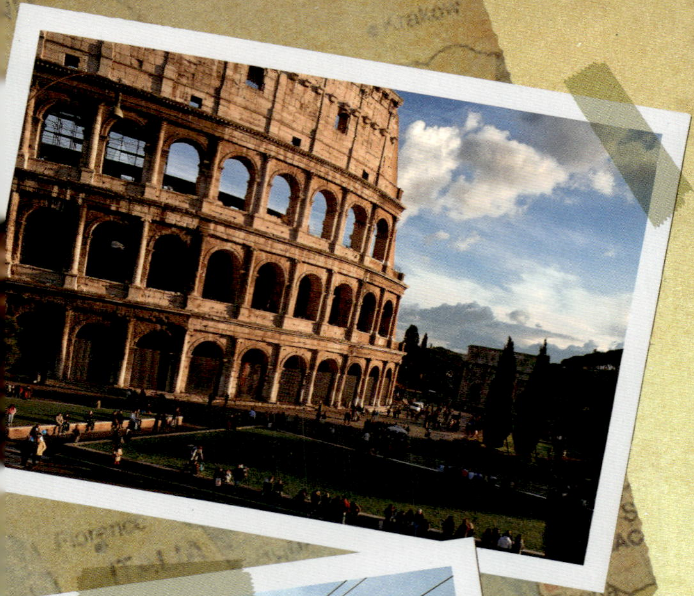

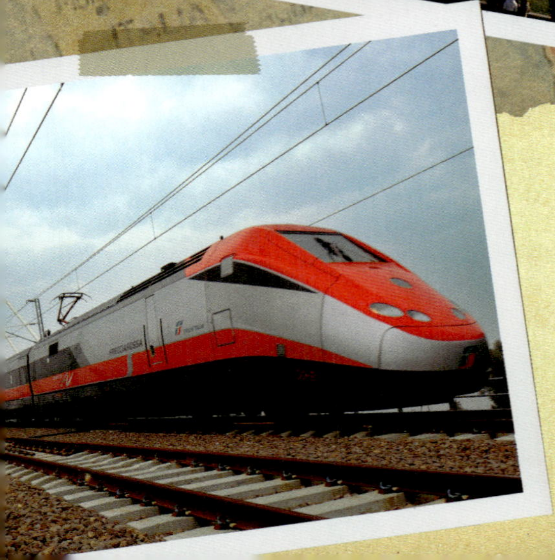

第4章

世界遺産を結ぶルート
ヨーロッパ編

列車に乗って世界遺産から世界遺産へ♪
夢の観光ルート、まずはヨーロッパ編から。

フランス

フランスの誇るTGVでパリから人気のモン-サン-ミシェルへ

訪れたい世界遺産
㉙パリのセーヌ河岸 ㉚ヴェルサイユの宮殿と庭園 ㉛モン-サン-ミシェルとその湾

フランスの首都パリは前3世紀、ケルト人がセーヌ川の中州にあるシテ島に住み始めたことが起源。10世紀にフランス王国の首都となり、その後セーヌ川河岸にノートルダム大聖堂などが建設された。ブルボン宮、コンコルド広場、サント・マドレーヌ聖堂など河岸のこの国の往時の壮大さに想いを馳せた後、さらなる人気の世界遺産モン-サン-ミシェルへはフランスが誇る高速列

歴史的エリアが世界遺産に登録される。市内にはもう1つ有名な世界遺産がある。ヴェルサイユ宮殿だ。パリ郊外のヴェルサイユ駅から歩くこと10分。絢爛(けんらん)な宮殿の姿は周知の通りだが、美しい庭園のその広さにも驚かされる。

→railway DATA パリ〜レンヌ 約350km

鐘楼は海抜150mもあるモン‐サン‐ミシェル。海上に浮かぶ巨岩のような姿が美しい。

車TGVで行くことができる。パリから同大西洋線に乗り約2時間、ブルターニュ地方の古都レンヌで下車。ここからバスで海に突き出た岩山にそびえ立つ荘厳な修道院へ向かう。13世紀の姿で現存する修道院内の展望台からは、砂州と海の幻想的な光景が一望できる。

ヴェルサイユ宮殿でも特に豪華な鏡とシャンデリアの大回廊「鏡の間」。

パリからレンヌ方面に向かうモンパルナス駅に停まるTGV。

パリのシンボルといえるエッフェル塔。274mの第3展望台へ上がると、パリの世界遺産を一望できる。

フランス

フランス東南部の歴史ある街をつなぐローカル線の旅

訪れたい世界遺産
[32]リヨン歴史地区
[33]ポン・デュ・ガール
[34]アヴィニョン歴史地区

フランス第2の都市リヨンは、古代ローマを起源とし、19世紀に欧州最大の絹織物の生産地として大発展を遂げた街。世界遺産に指定されるエリアには、中世のゴシック建築物が多く立ち並び、古代ローマ遺跡やルネッサンス期の聖堂も多数現存する、美しい大都市である。

リヨンから南へ約200km。プロヴァンスの中心都市アヴィニョンも世界遺産に登録されている古都だ。ここは14世紀にローマ教皇が暮らした街として知られ、ローヌ川沿いに建つ教皇宮殿、12世紀建造のサン・ベネゼ橋が名物となっている。

この街の西約28kmには、2000年前の古代ローマの水道橋、ポン・デュ・ガール（世界

→railway DATA　リヨン〜アヴィニョン　約220km

リヨンのセントポール駅。隣にはセントポール寺院。青い車両はローカル列車だがフランスは鉄道大国だけあってレベルが高い。

遺産）もある。高さ49mもある3層式アーチは、当時のほぼ完全な形のままというから驚きだ。

リヨン〜アヴィニョン間は高速列車TGVも走っている。また、フランス鉄道の2階建車両もある快適なローカル線も約2時間半でこの間を結んでいる。

14世紀、7代目のローマ教皇が暮らしたアヴィニョン教皇殿。

水道橋のポン・デュ・ガール。
建設時は50kmもの長さだった。

アヴィニョン・サントル駅。郊外にはTGV専用駅もある。

ポルトガル

訪れたい世界遺産
㉟リスボンのジェロニモス修道院とベレンの塔
㊱ポルト歴史地区

海上王国の歴史を残す2つの古都を高速列車で巡る

15世紀、大航海時代の端緒を開き、貿易で繁栄を極めたポルトガル。この国が欧州随一の海上王国となった背景には、当時の若きエンリケ王子が大型船の建造と冒険家支援に心血を注いだことにある。その野望を叶えたのはインド航路を発見したヴァスコ・ダ・ガマ。2人の功績を讃えて16世紀に建造されたジェロニモス修道院とベレンの塔がリスボンにあり、世界遺産に指定されている。

そして、船団の一大生産拠点となったのがローマ時代を起源とする港町ポルトだ。街は18世紀に海上貿易の拠点として発展、ここから輸出されたワインがポート(ポルト)ワインである。ボルサ宮などの遺跡が残る歴史地区

→railway DATA　リスボン〜ポルト　約300km

ポルトの名物、ドウロ川に架かる1886年建造のドン・ルイス1世橋。上段は路面電車の線路と歩道になっている。

が世界遺産。リスボンとポルトを結ぶ鉄道路線は、同国の交通の大動脈となっている。ポルトガル鉄道の特急列車は、リスボンを出るとテージョ川沿いのオリーブ畑や牧草地が広がるのどかな風景の中を高速で走り抜け、3時間20分後に古都ポルトに到着する。

航海の無事を祈る塔であり、
要塞でもあったベレンの塔。

ドン・ルイス1世橋の上を走る
最新型の路面電車の車両。

122

ヴァスコ・ダ・ガマの墓がある
リスボンのジェロニモス修道院。
南門には海洋大国の立役者エ
ンリケ王子の像。

古代〜中世のスコットランドの歴史に思いをはせる旅

イギリス

訪れたい世界遺産
㊲ローマ帝国の国境線
㊳エディンバラの旧市街と新市街

イギリスのイングランドとスコットランドの境界に、万里の長城のイギリス版がある。2世紀にローマ帝国がケルト民族の侵入を防ぐために建てたハドリアヌスの長城だ。

西海岸から東海岸まで長さ118km。壁の高さは約5m、幅約3m。6kmおきに設けられた要塞も現存する。ドイツにも同時期の長城跡があり、合わせてローマ帝国の国境線として世界遺産になっている。

ローマ軍は長城完成後まもなく、この地の防御を放棄、中世になるとスコットランド王国が成立する。その首都エディンバラは、丘に7世紀築城のエディンバラ城が建ち、街中に多く残る中世の石畳の坂道が歴史を感じさせる美しい古都だ。新市街と旧市街ともに世界遺産となっており、ジョージアン様式の建物や聖堂、修道院が多数残る。

ハドリアヌスの長城の拠点の街カーライルからエディンバラには、ヴァージントレインズなどのナショナルレイルに乗り、湖水地方の美しい風景を眺めながら約1時間半で到着する。

→railway DATA　カーライル〜エディンバラ　約150km

エディンバラ・ウェイヴァリー駅。時計台のある建物は、ホテル・オブ・ザ・イヤーにも輝いたエドワード王朝様式のホテル・バルモラル。

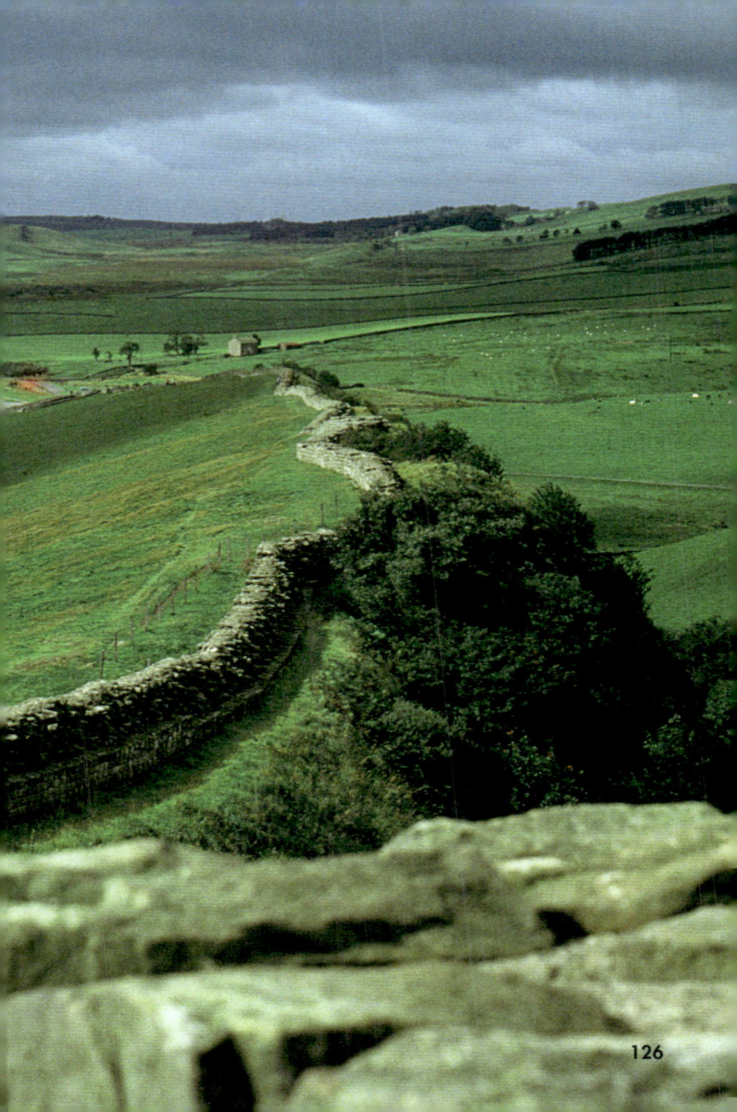

ローマ時代に、ブリテン島を西から東に、アイリッシュ海から北海まで、横断して造られたハドリアヌスの長城。

ダイナミックなフィヨルドのエリアを急行列車で巡る

ノルウェー

訪れたい世界遺産
㊴西ノルウェーフィヨルド群・ガイランゲルフィヨルドとネーロイフィヨルド
㊵ブリッゲン

ノルウェーの港町ベルゲンは、中世にハンザ同盟によって繁栄した商業都市。中でも、かつてドイツ人居住区だったブリッゲン地区はカラフルな色の歴史的な商館や倉庫が立ち並ぶ美しいエリアだ。ハンザ同盟の歴史を伝える地区として世界遺産となっている。

この港町から首都オスロに向かうベルゲン急行は、景勝鉄道路線としてとても人気が高い。ベルゲンを出た列車は一面銀世界の台地を駆け抜ける。遠くには雪を被った岩山に青い湖。標高が下がると、今度は針葉樹が生い茂るノルウェーの森へと車窓の風景は一変し、に違いない。

首都オスロに到着する。途中駅ヴォスは世界遺産ネーロイフィヨルド観光の拠点でもある。

また、同じく世界遺産に登録されており、さらに美しいといわれるガイランゲルフィヨルドには、オスロから急行列車で行ける。途中ラウマ鉄道に乗り換え、終点のオンダールスネスからバスでフィヨルド最深部の街へ。荒々しくも美しい渓谷に、誰もが魅了されるに違いない。

→railway DATA　ベルゲン～オンダールスネス　約700km

風光明媚なガイランゲルフィヨルドの最奥部。崖には両岸に向かい合って流れる滝など絶景が多数ある。

北欧随一の景勝鉄道ベルゲン急行。雪山と湖の車窓に釘づけだ。

車窓からの景色も素晴らしいモダンなデザインのラウマ鉄道。

ハンザ同盟時代の木造倉庫が立ち並ぶブリッゲン地区。

スウェーデン

訪れたい世界遺産
㊶ ドロットニングホルムの王領地
㊷ ビルカとホーヴゴーデン
㊸ ファールンの大銅山地域

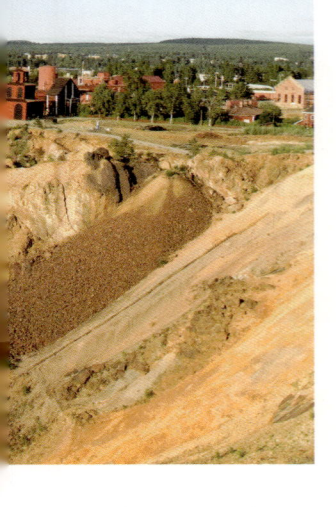

北欧のヴェルサイユ宮殿と巨大産業遺跡を結ぶ高速列車

スウェーデンの首都ストックホルムは、メーラレン湖とバルト海が接するたもとにある。中心部は湾に沿って広がっており、湖に浮かぶ10以上の島からなる美しい都だ。

郊外に当たるメーラレン湖に浮かぶローベン島には、世界遺産のドロットニングホルムの宮殿が建つ。北欧のヴェルサイユと称される宮殿はオペラ『仮面舞踏会』の舞台でもある。

また、同湖内のビョルケー島とアデルスユー島にはバイキングの集落遺跡（世界遺産のビルカとホーヴゴーデン）もある。この地のバイキングは10世紀に北米に達し、王宮跡も築いてい

→railway DATA　ストックホルム〜ファールン　約220km

132

直径400m、深さ100mに及ぶ巨大な銅山穴があるファールン大銅山地域。1992年までは採掘が続けられていた。

たというから驚きだ。

スウェーデンは、快適な高速列車X2が主要都市を結んでいる。この列車に乗ってストックホルムから3時間弱でダーラナ地方のファールンへ。

この街には、世界有数の銅山として同国の発展に寄与したファールン大銅山地域（世界遺産）がある。露天掘りの鉱山跡はまるで渓谷のような景観だ。博物館には17世紀の採掘抗が保存されている。

ホワイトとシルバーの車体が
美しいスウェーデンのX2。

ビルカの小高い丘にある
アンスガールの十字架。

134

17世紀建造のスウェーデン王国の離宮ドロットニングホルム。往時は舞踏会が催されたが、今日ではオペラが上演される。

デンマーク、ドイツ

列車ごと船に乗って海を越す
通称「渡り鳥コース」

訪れたい世界遺産
㊹クロンボー城
㊺ハンザ同盟都市リューベック

デンマークの首都コペンハーゲンは、『人魚姫』のアンデルセンの故郷として知られ、小さな教会や美術館がちりばめられたような美しい海岸沿いの街だ。

列車で約1時間の郊外には、シェークスピアの『ハムレット』の舞台となった16世紀建造のクロンボー城が海岸線にそびえる。同じく郊外に北欧で最も古い13世紀建造の煉瓦造りのロスキレ大聖堂もあり、ともに世界遺産となっている。

同国はバルト海に面する半島と400以上の島々からなるだけに、古くから島を渡る航送列車が発展した。列車は港に着くと、列車ごと船に乗り、海を渡るのだ。近年トンネルが建設され、次々と航送列車は消えたが、唯一残

→ railway DATA コペンハーゲン〜リューベック 約260km

港湾都市のリューベック。水色の小塔の建物はハンザ同盟時代の市庁舎。市内には同時代の有名なホルステイン門がある。

るのがコペンハーゲン〜ハンブルク。そのドイツ側の途中駅であるリューベックは、17世紀にハンザ同盟の盟主として繁栄を極めた街（世界遺産）。ハンザの女王と讃えられた時代に建てられた豪華な市庁舎、聖堂、聖霊病院などが多数現存し、往時の繁栄ぶりを伝える。

フェリーでの約1時間は列車から降りておく。車両はドイツが誇る高速列車ICE-TD。

コペンハーゲン中央駅。観光スポットのチボリ公園に直結。

138

コペンハーゲン郊外のクロンボー城。17世紀の修復で、美しい小塔を増築した。

ドイツ

訪れたい世界遺産
46 アーヘン大聖堂 47 ケルン大聖堂 48 ブリュールのアウグストゥスブルク城と別邸ファルケンルスト

ドイツの高速列車に乗って壮麗な大聖堂と宮殿を巡る

ドイツの大都市ケルンの中央駅の目の前に、高さ157mもある大聖堂がそびえ立つ。世界遺産のケルン大聖堂だ。完成まで約600年の歳月をかけ、13世紀の最初の設計図のまま建てられた聖堂は、街のシンボルとなっている。

また、ケルン郊外のブリュールにも世界遺産のアウグストゥスブルク城がある。18世紀に天才と称されたノイマンらによって設計された宮殿は、まるでドイツのヴェルサイユ宮殿のような豪奢な美しさ。ケルン大聖堂が壮大なゴシック様式であるのに対し、この宮殿は対照的なロココ調であるのが印象的だ。

ケルンからドイツ鉄道の高速列車ICEに乗ると、約40分で温泉保養

➡railway DATA ケルン〜アーヘン 約65km

140

長距離国際列車も走るケルン中央駅。その横にケルン大聖堂。駅を出ると、目の前にあまりに立派な大聖堂が現れる。

地でもあるアーヘンに着く。ここにも世界遺産の聖堂が建つ。神聖ローマ帝国皇帝となった、フランク王国のカール大帝が8世紀に建てたアーヘン大聖堂だ。八角形のドームが印象的なこの聖堂で、600年にわたって神聖ローマ皇帝の戴冠式が代々行われていたのだ。

庭園も美しい、18世紀建造のアウグストゥスブルク城。

カール大帝の宮廷付属教会だったアーヘン大聖堂。

礼拝堂の天井もコンサートホールのようなケルン大聖堂。509段もある内階段を上ると、市内を一望できる。

ベルギー、
ルクセンブルク

世界遺産の建築物が立ち並ぶ中欧の美しい街並を車窓から

訪れたい世界遺産

(49)建築家ヴィクトール・オルタによる主な邸宅群
(50)ストックレー邸　(51)ルクセンブルク市

EU本部が置かれる国際都市ベルギーの首都ブリュッセル。「小パリ」と称される渓谷沿いの美しい街は、12世紀から貿易と交通の要衝として商業が栄えてきた。

城塞で囲まれた市内には中世から20世紀前半に建てられた貴族や豪商の邸宅がいまも整然と建ち並んでいる。その中でも一際有名なのが、オルタ邸だ。オルタはアール・ヌーヴォー建築の巨匠であり、自宅にガラスと大理石を用いた優雅な空間を生み出した。

また、市内には20世紀初頭に建てられた、アール・デコ建築を先取りする邸宅、ストックレー邸もあり、こちらも世界遺産に指定されている。

ブリュッセルからベルギー国鉄のICに乗ると、約3時間で着くのが、同じく城塞の街として知られ、街並が世界遺産登録されているルクセンブルク市だ。こちらは森と渓谷の中に造られた天然要塞都市といった趣きである。市内には小塔が印象的なノートルダム聖堂など、様々な建築様式の建物群が谷沿いに美しい姿で点在している。

railway DATA　ブリュッセル〜ルクセンブルク　約200km

クリムトの装飾など、内部は前衛的な芸術性を取り入れた内装となっているストックレー邸。

アール・ヌーボーの巨匠オルタの邸宅。床から天井まで魅惑の空間が展開されるが、撮影は禁止。

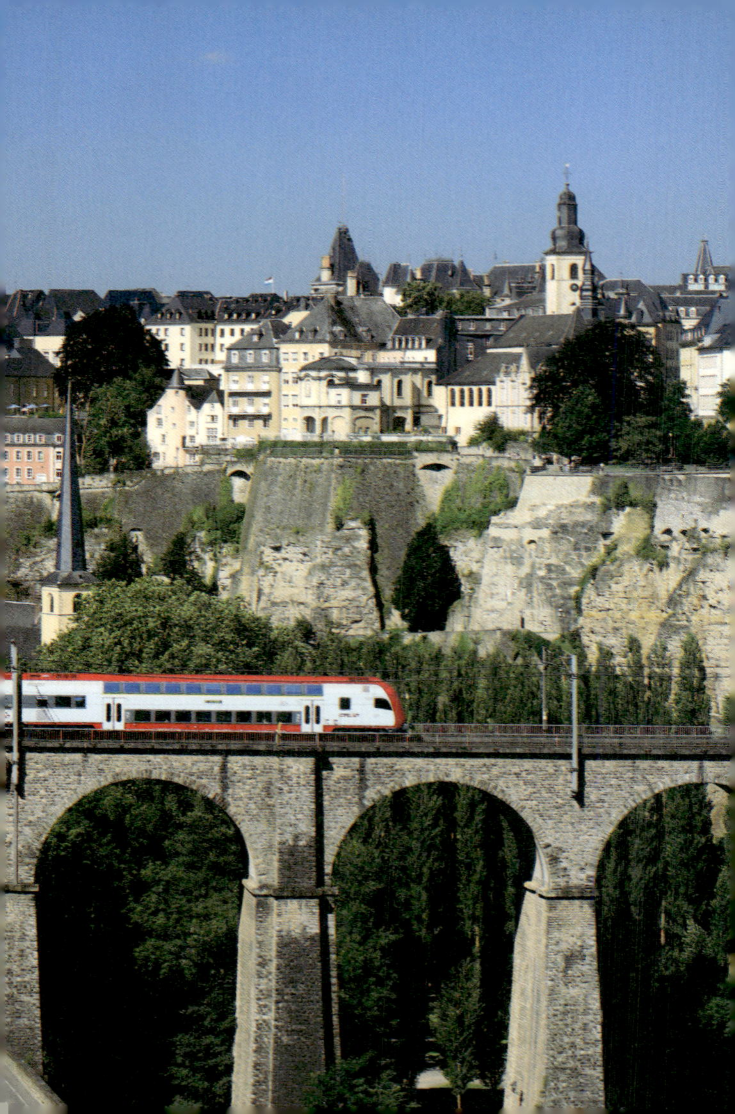

ルクセンブルクは、渓谷や川を越える鉄道橋など、石畳の橋が多い。列車はCFL（ルクセンブルグ国鉄）の車両。

ベルギー、オランダ

訪れたい世界遺産

中欧の世界遺産の2つの都を国際高速列車タリスでゆく

52 グラン・プラス
53 アムステルダムのシンゲル運河内の17世紀の環状運河地区
54 アムステルダムのディフェンス・ライン

文豪ヴィクトル・ユーゴーが「世界で一番豪華な広場」と称した、世界遺産のグラン・プラスはブリュッセルの中心地にある。市民が憩う広場を囲うように、15〜19世紀に建てられた王の家、市庁舎、パンや大工などの職人組合が入るギルドハウスなどが並ぶ。いずれも重みあるゴシック建造物で、特に大きい市庁舎の尖塔は高さが96mも。一面石畳の広場からの景色は、まさに中世そのものだ。

このグラン・プラスから南西に2km弱、ブリュッセル南駅は、国際高速列車タリスの発着駅だ。この特急に乗ると、わずか1時間半で隣国オランダのアムステルダムへ。

この海沿いの街は16世紀から貿易港として発展した

→railway DATA　ブリュッセル〜アムステルダム　約220km

世界一美しい広場といわれるグラン・プラス。土産物屋も建ち並び、毎日花市が開かれる。市民と観光客の憩いの場だ。

が、市内を流れるアムステル川の氾濫に悩まされた。そこで17世紀に扇形4層の環状型運河が掘られ、さらに敵艦の侵入を防ぐ総延長136kmもある軍事用の堤防も造られた。これら卓越した治水技術を使った都市計画と防御システムが世界遺産となっている。

フランス、オランダ、ベルギー、ドイツを走る国際特急タリス。

アムステルダムのディフェンス・ライン。要塞のある堤防群だ。

跳ね橋が多数残るアムステルダムの環状運河群。市内の主要な運河沿いには、1500以上もの歴史的・記念碑的な建造物が整然と立ち並ぶ。

スペイン

訪れたい世界遺産 55 56
歴史的城壁都市クエンカ
バレンシアのラ・ロンハ・デ・ラ・セダ

崖上に建つ絶景の都市と地中海の美しい街を結ぶ超特急

スペイン中東部のクエンカは、13世紀に多くの聖堂が建てられた世界遺産の古都。この街は、2つの川によって浸食された石灰岩の独特な絶壁上にある。

崖上には中世の聖堂や修道院をはじめ、多くの家々が密集する。中には、崖からはみ出して建っている家もある。まるで街全体が宙に浮いているかのような錯覚を起こすのだ。それゆえ、古くから「魔法にかけられた街」と呼ばれてきた。

そんな不思議な街であるクエンカだが、市内にある駅は最新のAVE（超特急）も止まる。ここから列車に乗って地中海沿いのバレンシアへ行くと、そこは降り注ぐ太陽と美しい海で有名なリゾート地だ。

バレンシアも、その歴史は古い。15～17世紀に絹を中心とする地中海貿易の要衝として繁栄。街には、15世紀に建造された絹の商品取引所「ラ・ロンハ・デ・ラ・セダ」（世界遺産）がある。取引を行った大ホールの床は一面が総大理石。この街が一大商業の街だったことを伝える壮大な建物だ。

→railway DATA クエンカ～バレンシア 約180km

標高900mの崖から落ちそうな
家々が並ぶ古都クエンカ。バルコ
ニーが崖からはみ出す「宙づりの
家」が名所になっている。

バレンシアにある世界遺産の
ラ・ロンハ・デ・ラ・セダ。

クエンカ〜バレンシア間でもAVE
（写真の車両）が運行開始。

ラ・ロンハ・デ・ラ・セダの中の「柱のサロン」。天井は、高さ約16mの細い螺旋状の柱に支えられている。

スペイン

訪れたい世界遺産
57 アランフェスの文化的景観
58 古都トレド

現代と中世の2つの首都間をスペイン版新幹線で一気に移動

スペインの首都マドリード。市内にはスペイン王国時代の壮大な王宮を始め、劇場やマヨール広場など王国黄金時代の繁栄ぶりを伝える建造物が多数あるが、世界遺産は郊外に3つある。王国の政治を司ったエル・エスコリアル修道院、欧州初の大学都市アルカラ・デ・エナーレス、そして王の離宮アランフェスだ。

中でも離宮は16世紀から200年をかけて建設された豪華な王宮。城の畔を流れるタホ川沿いに広がる庭園群の景観が見ものとなっている。

マドリードから70km離れた古都トレドへは、新幹線に似た特急AVEでわずか35分だ。

に首都が置かれていたのが、世界遺産のトレドだ。13世紀に繁栄した都は、キリスト、イスラム、ユダヤ教徒が共存し、多彩な宗教色豊かな建造物が建てられていった。さらに、農耕、軍事、医学、芸術分野の高い文化を生み出し、今日でも変わらぬ景観のまま最新文化の発信地となっている。

王国がこの地に首都を置いたのは16世紀。それ以前

→railway DATA マドリード〜トレド 約80km

アランフェス王宮。城、庭園、森、川が融合する風景は、まさにスペインの文化的景観だ。

2005年にマドリード〜トレド間はAVEが開通し、ローカル線は廃止になった。

158

夕闇に輝く古都トレド。丘の上に建つのは15世紀、270年かけて建てられた大聖堂。首都だった16世紀で時を止めたような美しい街並だ。

スペイン

スペイン黄金時代の大聖堂とアルハンブラ宮殿を訪れる

訪れたい
世界遺産
(59) セビージャの大聖堂、アルカサルとインディアス古文書館
㊻ グラナダのアルハンブラ、ヘネラリーフェ、アルバイシン地区

スペインのアンダルシア州の州都セビージャ（セルビア）は、大西洋に繋がるグアダルキビール川沿いに位置する港湾都市である。同国がアメリカ大陸に植民地を築いた時代、この街は貿易拠点として大いに繁栄した。

世界遺産に指定されるセビージャ大聖堂には、コロンブスの墓がある。同聖堂は奥行が116mもある欧州屈指の大聖堂だが、16世紀にイスラムのモスクを改築してゴシック建築物に建て替えたもの。城内の大使の間などに、イスラム様式の壁が残り、この地がイスラム勢力下だったことを伝えている。

→ railway DATA　セビリア〜グラナダ　約250km

セビージャ～グラナダ間を結ぶスペイン国鉄の中距離快速列車。列車は、オリーブ畑や草原が広がるアンダルシアの台地を走っていく

一方、アンダルシアにイスラム勢力のグラナダ王国が建設されたのは13世紀のことだ。その王宮は『千一夜物語』の舞台でもあるアルハンブラ宮殿である。
内部のアラベスク文様の壁、中庭、ハーレムはイスラム建築美の集大成とされている。
セビージャからグラナダ間は、バス便が多く出ているが、スペイン国鉄の中距離快速列車も約3時間で結んでいる。

隣に98mのヒラルダの塔がそびえるセビージャ大聖堂。

鍾乳石で覆われたアルハンブラ宮殿「二姉妹の間」の天井。

高台に建つアルハンブラ宮殿。
高い城壁「ベラの塔」から街を
一望。気球のツアーも人気だ。

イタリア、スペイン

訪れたい世界遺産
㉖サンタ・マリア・デッレ・グラツィエ教会とドメニコ会修道院 ㉒アントニ・ガウディの作品群 ㊸カタルーニャ音楽堂とサン・パウ病院

国際夜行列車に乗ってスペインとイタリアの名作を鑑賞

ダ・ヴィンチの名作といえば、「モナ・リザ」と「最後の晩餐」だろう。「モナ・リザ」はルーブルにあるが、では「最後の晩餐」はどこか？　この作品はミラノ（イタリア）のサンタ・マリア・デッレ・グラツィエ教会（世界遺産）の食堂の壁に描かれている。ダ・ヴィンチは1498年、この絵で名声を高めたのだ。壁画は近年修復され、ダ・ヴィンチが描いた当時の鮮やかさで鑑賞できる。

今日ミラノはモダン・デザインの発信地でもあるが、19世紀に独創的なデザインを次々と生み出した建築家がスペインのバルセロナにいた。サグラダ・ファミリアや、鮮やかなタイルが印象的なグエル公園を造ったガウディ

→railway DATA ミラノ〜バルセロナ　約800km

ミラノ市内にあるサンタ・マリア・デッレ・グラツィエ教会。「最後の晩餐」を見学するには事前に予約が必要になる。

だ。彼の作品群は世界遺産である。
　ミラノからフランスを越えてバルセロナまでは、ホテル列車として名高い国際寝台特急エリプソスが14時間で結んでいる。
　この路線の車両名は「サルバドール・ダリ号」。芸術家の業績を知る旅には、もってこいの列車だ。

エリプソスはスペイン鉄道とフランス国鉄が共同運行する国際寝台列車。

世界遺産のカタルーニャ音楽堂は、ルイス・ドメネク・イ・モンタネルが設計。

ガウディ設計のサクラダ・ファミリア（バルセロナ）。1882年着工。完成は、ガウディ没後100年目の2026年と公表されている。

イタリア

訪れたい世界遺産
64 ポルトヴェネーレ、チンクエ・テッレ及び小島群（パルマリア、ティーノ及びティネット島）
65 ピサのドゥオモ広場

海沿いの崖にある世界遺産の美しい村々を各駅停車で巡る

イタリア半島中西部。リグリア海沿いのリヴィエラ地方はイタリアきっての風光明媚なリゾート地だ。ここに古代ローマ時代から貿易港として栄えた古都ピサがある。旧市街のドゥオモ広場には有名なピサの斜塔。その周囲には壮大な白大理石で覆われた大聖堂を始め、礼拝堂や納骨堂が立ち並ぶ。往時の繁栄ぶりを伝える、これらの建造物群が世界遺産となっている。

ピサから北のジェノヴァに至る海岸線は、険しい山の断崖が入り組んでいるが、海岸の絶壁沿いに鉄道が走っている。ピサを出た列車は1時間強でラスペツィアへ。駅周辺にあるポルトヴェネーレの城塞村とチンクエ・テッレと呼ばれる5つの点在す

railway DATA　ピサ〜ラスペツィア　約70km

世界遺産チンクエ・テッレのマナローラ駅。崖に張り付くように線路が敷かれている。写真は各駅列車だが、特急もこの線路を走る。

　る村が世界遺産だ。これら5つの村は、崖面に張り付くように色とりどりの家が建ち並び、奇抜な風景を見せている。各駅停車に乗ると、5つの村ごとに駅があり、その間はトンネルが連続する。鉄道がない時代は海からしかたどり着けない、美しくも孤高の地だったのだ。

崖と一体化したかのようなポルトヴェネーレの家々。

ピサ大聖堂（左）の鐘楼である斜塔。

最上部まで階段で昇ることが
できるピサの斜塔。あと300
年は倒れる心配がないという。

イタリア、バチカン

訪れたい世界遺産
66 フィレンツェ歴史地区
67 バチカン市国

芸術の街フィレンツェとローマを約1時間半で結ぶ超高速列車

14世紀、ルネサンス発祥の地として、多くの芸術家が作品を残した古都フィレンツェ。街には芸術家を支援したメディチ家の栄華を象徴するように、聖堂群とマリア・デル・フィオーレ大聖堂は、ルネッサンス様式聖堂の先駆けであり、傑作だ。

トスカナ地方の自然豊かな丘陵地のフィレンツェには葡萄畑も多く、有名なワインの「キャンティ」の産地でもある。

ルネッサンス時代、同じく芸術の都となったのがローマだ。当時絶大な権力を握るローマ教皇は芸術家を

→railway DATA　フィレンツェ〜ローマ　約240km

172

フィレンツェのシンボル、サンタ・マリア・デル・フィオーレ大聖堂。巨大なドーム屋根と四角い鐘楼が人々を魅了する。

結集させ、壮大な大聖堂と宮殿を築いた。サン・ピエトロ大聖堂には、ミケランジェロの「ピエタ像」「最後の審判」など美術史上貴重な作品が溢れている。

いまもローマ内のバチカン市国（国全体が世界遺産）には、多数の美術館、庭園があり、飽きることがない。

このルネッサンス2大古都フィレンツェ～ローマ間は、超高速列車AVがわずか1時間半で結ぶ。

ミケランジェロの傑作「ピエタ」など数々の芸術作品が収まる。聖堂前の広場に、毎日曜日、多くの信者が集まり、祝福を受けている。

「赤い矢」と呼ばれるイタリアの最新超高列車AV。ミラノ、ボローニャ、フィレンツェ、ローマ、ナポリ間を結ぶ。

ローマ歴史地区の西端にあるバチカン市国のサン・ピエトロ大聖堂。市国の敷地内には大広場と美しい庭園や像が多数ある。

イタリア

美しい街並に世界遺産の遺跡が集まるローマとナポリ

訪れたい世界遺産
(68)ローマ歴史地区　(69)ティヴォリのエステ家別荘
(70)ナポリ歴史地区

イタリアの首都ローマは、千年の都といわれるように壮大な歴史を伝える世界遺産の遺跡群が溢れている。コロッセオやパンテオン神殿、カラカラ浴場など古代ローマ全盛時代の遺跡が有名だが、郊外の丘陵にある小さな町ティヴォリにも世界遺産が2つある。1つは16世紀の枢機卿（教皇の最高顧問）のエステ家別荘。もう1つは2世紀のハドリアヌス帝の別荘ヴィッラ・アドリアーナである。特にエステ家別荘は広大な敷地に多数の噴水があり、ルネッサンス庭園の傑作とされる。ローマから近郊列車で約1時間のこの地は、古代より上流階級の避暑地なのだ。

　ローマから超特急AVに乗って1時間10分で着くナ

railway DATA　ローマ〜ナポリ　約200km

古代ローマ最大の建築物コロッセオは紀元80年の完成で、5万人を収容した。

ポリも、世界遺産が溢れる街だ。12世紀以降、ハプスブルク家、ブルボン家など7王家が統治し、支配者が変わるたびに建てられた王宮や聖堂が街の至るところに残っている。ゲーテが「この世の楽園」と称した美しい街並とナポリ湾は、見る者の心を魅了する。

エステ家別荘。10m以上吹き
上がる噴水は当時衝撃だった

ナポリにある卵城。12世紀の建造時、基礎に卵を埋め、卵が割れたらナポリに災いが起きるという伝説が由来。

ローマ～ナポリ間で時速300kmを超える特急列車AV。

イタリア

ナポリ郊外の遺跡と宮殿から イタリア屈指の景勝海岸へ

訪れたい世界遺産
71 カゼルタの18世紀の王宮と公園
72 ポンペイ、エルコラーノなどの遺跡地域
73 アマルフィ海岸

ヴェスヴィオ山の噴火で消滅した古代ローマのポンペイ。火山灰に埋もれたため、競技場や神殿のみならず居酒屋や娼館までが残る奇跡の世界遺産だ。ポンペイはナポリ郊外にあり、ナポリ駅から山の裾野を走るヴェスヴィオ周遊鉄道がポンペイ駅までを40分で結ぶ。

ナポリ郊外には、もう1つ注目すべき世界遺産がある。18世紀にブルボン家のナポリ王が建設したカゼルタ宮だ。宮殿はヴェルサイユ級の規模と豪華さ。池が貫く長方形の庭園は、なんと3kmもの長さがある。

これらナポリの往時の繁栄を伝える世界遺産を堪能した後、IC（特急）に乗ると30分でサレルノに着く。ここはイタリア屈指の風光明媚な海岸といわれるアマルフィ海岸へ至る街だ。

アマルフィの海岸は海面浸食によって断崖絶壁が複雑に入り組む地形だが、崖の斜面には緑のオリーブ畑とホテルや家が、張り付くように建っている。街の歴史は古く、天国への回廊で有名な美しい廊下のある10世紀建造の大聖堂も名物である。

→ railway DATA　ナポリ〜サレルノ　約50km

崖の斜面が街のアマルフィ海岸。街中は、細い石畳の路地と階段が続いている。どのホテルからも地中海を一望できる。

背後にヴィスヴィオ火山が見えるポンペイの遺跡。

アマルフィの街。坂道と狭い路地の中に、1000年の歴史を重ねるアマルフィ聖堂がそびえる。

カゼルタ王宮の巨大すぎる参道のような庭園。ナポリ中央駅から郊外のカゼルタ駅まで各停の列車が約50分で結ぶ。

ポーランド

ポーランド王国の新旧2都市と世界最古の巨大岩塩坑を巡る

訪れたい世界遺産
[74] ワルシャワ歴史地区
[75] クラクフ歴史地区
[76] ヴィエリチカ岩塩坑

ポーランドの首都ワルシャワは、東欧の経済・交通の要衝として高層ビルが立ち並ぶ大都会だが、古くから「北のパリ」と称され、市内には歴史を感じる王宮や広場がある。実は、これら歴史的建造物はナチスの爆撃でほぼ全壊し、戦後にもナチスの爆撃を逃れた当時のまま復元された3時間。この古都は奇跡的にもナチスの爆撃を逃れた。ワルシャワからノンストップで約3時間。この古都は奇跡的

ポーランドの歴史は10世紀に遡る。王国の首都は、16世紀まで北部国境に近いクラクフにあった。EIC（急行）に乗ると、ワルシャワからノンストップで約3時間。この古都は奇跡的にもナチスの爆撃を逃れた。市内を蛇行するヴィスワ川沿いには、10世紀建造の荘厳な大祭壇を擁するヴァヴェル城が佇

→ railway DATA　ワルシャワ〜クラクフ　約300km

184

第2次大戦後、18世紀の風景画を元に復元されたワルシャワの歴史地区。その正確さゆえに例外的に世界遺産になった。

む。他にもルネッサンス様式の建造物が多数残る地区が世界遺産だ。

街の郊外には、中世に王国の財源を担った世界最古の岩塩坑、ヴィエリチカ岩塩坑も。総延長300kmに及ぶ地下空間には、巨大な聖堂や岩塩に彫られた壁画などがあり、世界遺産登録されている。

地下100mにあるヴィエリチカ岩塩坑内の礼拝堂。

旧共産圏を彷彿させる、味のあるポーランドのローカル列車。

クラクフ旧市街の中央広場に建つ、かつては王宮だった聖マリア教会。右が織物会館。

チェコ

ボヘミア地方のローカル列車で中世の古城街道をゆく

訪れたい世界遺産
77 プラハ歴史地区
78 チェスキー・クルムロフ歴史地区
79 ホラショヴィツェの歴史地区

チェコの首都プラハからチェスキー・クルムロフを結ぶ路線は、ボヘミア高原のヴルタヴァ川沿いを走る。この路線はドイツへ繋がる古城街道だ。

始点のプラハ（世界遺産）は14世紀に神聖ローマ帝国の都となり、丘上には小塔が見事なプラハ城がある。川には長さが516mもある石畳のカレル橋。黄金の都と讃えられた往時が窺える街並だ。

旧共産圏を彷彿とさせる味のあるローカル列車に乗って2時間半。チェスケー・ブディヨヴィツェ駅へ。この田園地帯に絵画のような集落ホラショヴィツェ（世界遺産）がある。近く

→railway DATA プラハ〜チェスキー・クロムロフ 約160km

歴史地区が世界遺産登録されているチェコの首都プラハは鉄道が充実した街で、特に路面電車が多く、街中を走っている。

にはチェコで最も華麗とされるフルボカー城が建つ。
列車を乗り継ぎ1時間半。終点チェスキー・クルムロフも世界遺産の街だ。お堀のように蛇行した川沿いには、緑の中に色とりどりの家並が広がる。また、丘の上に、13世紀に建造されたチェコでプラハ城に次ぐ規模のチェスキー・クルムロフ城がそびえる。プラハからチェスキー・クルムロフまで、車窓からの眺めも街も中世の薫り一杯だ。

丘の上に建つプラハ城。その手前にあるのが巨大な王宮だ。

特徴的な家が並ぶホラショヴィツェはバドワイザー発祥の地。

ヴルタヴァ川沿いに広がるチェスキー・クルムロフの街並。右上の白と黒の小塔のある建物は、14世紀建造の聖ヴィート聖堂。

オーストリア

ハプスブルク家の栄華の都とモーツァルトの故郷を旅する

訪れたい世界遺産
80 ウィーン歴史地区
81 シェーンブルン宮殿と庭園群
82 ザルツブルク市街の歴史地区

芸術の都ウィーンは、13〜19世紀までハプスブルク家の支配のもと、華麗な貴族文化が花開いた街だ。世界遺産の旧市街は、リングシュトラーセと呼ばれる環状路が取り囲み、通り沿いには往時の繁栄を物語る歴史的建造物が整然と立ち並ぶ。

中でも最大の見物は同家の王宮群だ。夏の王宮、冬の王宮、新王宮などがあり、建物も凄いが、収蔵される美術品も膨大。さらに郊外には女帝テレジアがヴェルサイユを模して改装し、居城としたシェーンブルン宮殿（世界遺産）がある。その内装の豪華さには誰もが言葉を失うだろう。

➡ railway DATA　ウィーン〜ザルツブルク　約280km

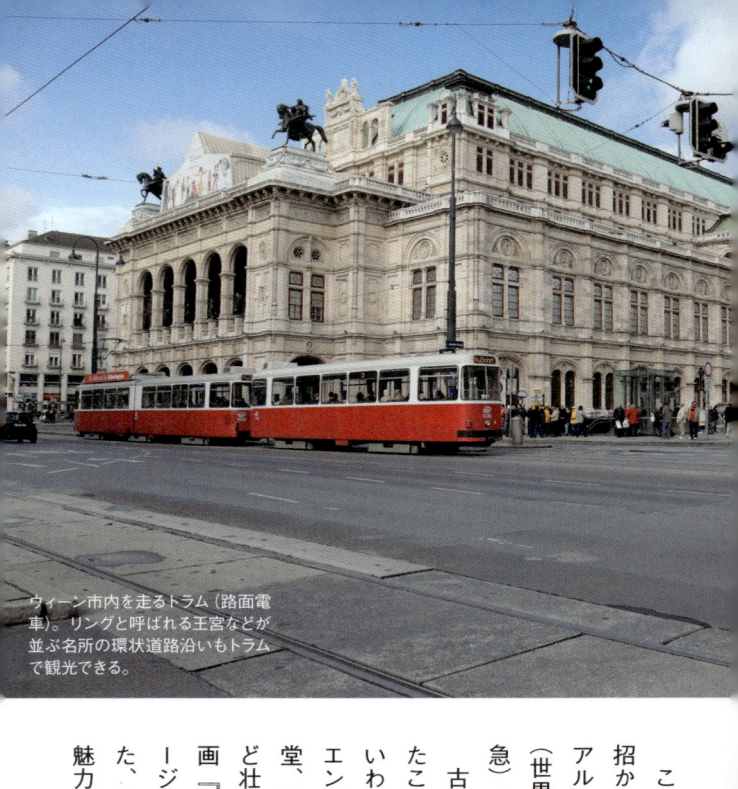

ウィーン市内を走るトラム（路面電車）。リングと呼ばれる王宮などが並ぶ名所の環状道路沿いもトラムで観光できる。

この宮殿に6歳のときに招かれ演奏をした、モーツアルトの故郷ザルツブルク（世界遺産）へはIC（特急）で3時間20分。

古代より塩の交易で栄えたこの街は、北のローマといわれ、歴史地区にはホーエンザルツブルク城、大聖堂、聖ペーター僧院教会など壮麗な建物群がある。映画『サウンド・オブ・ミュージック』の舞台にもなった、郊外の緑一面の景色も魅力だ。

マリー・アントワネットが幼少期に暮らしたシェーンブルン宮殿。

ザルツブルグ駅。近郊線〜ICまで走るターミナル駅。

ザルツブルク市街を見下ろすように建つホーエンザルツブルク城。背後にアルプスがそびえる。

ギリシャ

ギリシャ2大都市を結ぶ列車でヨーロッパ文明の発祥を知る

訪れたい世界遺産
83 ダフニ修道院群
84 アテネのアクロポリス
85 テッサロニーキの初期キリスト教とビザンチン様式の建造物群

　世界遺産活動を行うユネスコのロゴは、ギリシャのパルテノン神殿をかたどったもの。この神殿は古代ギリシャ文明の象徴で、ヨーロッパ建築の最高傑作であるといわれる。

　アテネの丘の都市を意味するアクロポリス（世界遺産）には、古代ギリシャ全盛期（前5世紀）に再建された複数の有名な神殿遺跡がある。最新の調査で、これら遺跡にはかつて鮮やかな色が塗られていたことが判明している。

　古代ギリシャはその後、ローマ帝国、ビザンチン帝国の時代へと降るが、アテネ郊外にはアポロン神殿跡地に建てられた、ビザンチ

→railway DATA　アテネ〜テッサロニーキ　約430km

196

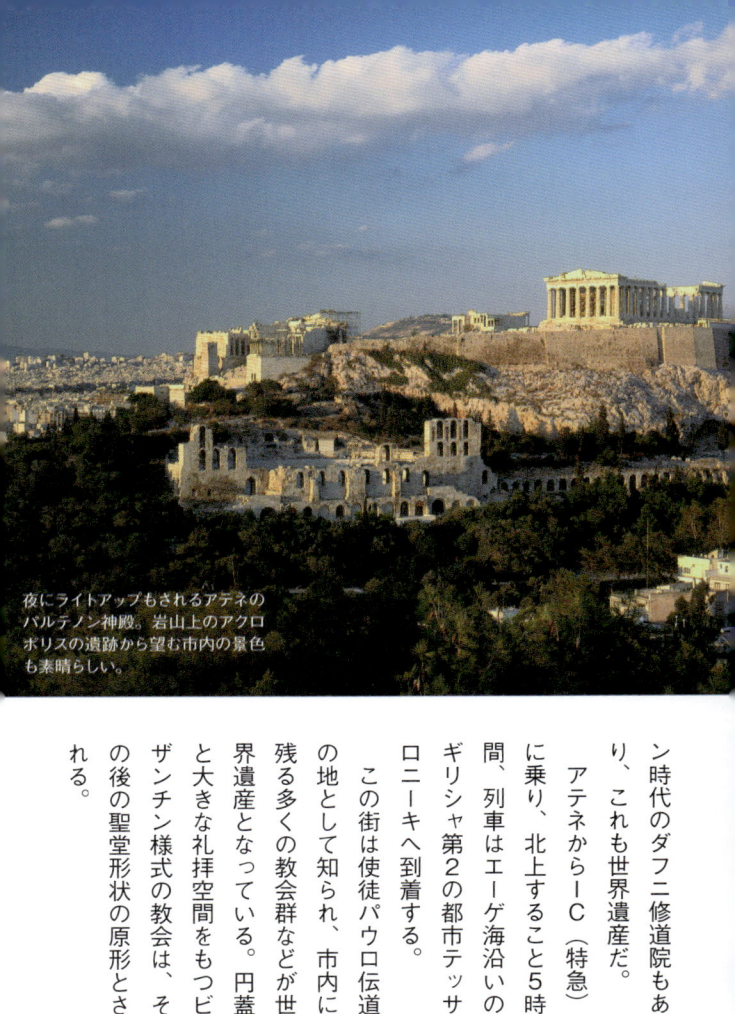

夜にライトアップもされるアテネのパルテノン神殿。岩山上のアクロポリスの遺跡から望む市内の景色も素晴らしい。

ン時代のダフニ修道院もあり、これも世界遺産だ。

アテネからIC（特急）に乗り、北上すること5時間、列車はエーゲ海沿いのギリシャ第2の都市テッサロニーキへ到着する。

この街は使徒パウロ伝道の地として知られ、市内に残る多くの教会群などが世界遺産となっている。円蓋と大きな礼拝空間をもつビザンチン様式の教会は、その後の聖堂形状の原形とされる。

傑作とされるイエスのモザイク画があるダフニ修道院。

アテネ〜テッサロニーキ間を走るギリシャ国鉄の特急IC。

アギオス・ディミトリオス聖堂の礼拝堂の壁画(テッサロニーキ)。この地は、初期〜中期キリスト教の建築物や美術品の宝庫となっている。

オランダ名物の風車が立ち並ぶ風情ある路線を走る

訪れたい世界遺産
86 キンデルダイク・エルスハウトの風車群
87 リートフェルト設計のシュレーテル邸

オランダといえば風車が名物だが、現在はオランダ全土でも950基を数えるのみと少なくなっている。

そんな希少な風車が19基も並ぶ風景を見られるエリアがある。首都アムステルダムの南西、ロッテルダム郊外のキンデルダイク・エルスハウト地区だ。

18世紀に建てられた貴重な風車群は、世界遺産となって保護されている。その大きさは、風車羽根の全長が平均で約30m。巨大な羽根を支える建物の高さも、その半分の約15mはあるというわけだ。

また、オランダはモダンデザインの家具でも有名だ

が、同国を代表する家具・建築デザイナーのヘリット・リートフェルトが設計した、シュレーテル邸（シュレーダー邸）も世界遺産となっている。

この邸宅があるのは、国土のほぼ中央にあるユトレヒト。古くからオランダの宗教の中心として栄え、いまも最大の大学があるオランダ第4の都市だ。

ロッテルダムからユトレヒトは、都市間特急列車のICが40分で結んでいる。

→railway DATA　ロッテルダム〜ユトレヒト　約50km

200

ロッテルダム〜ユトレヒトを結ぶ
オランダの都市間特急IC。

リートフェルトが同国建築に多大
な影響を与えたシュレーテル邸。

202

キンデルダイク-エルスハウト地区の風車群の中をオランダの近郊列車が走る。

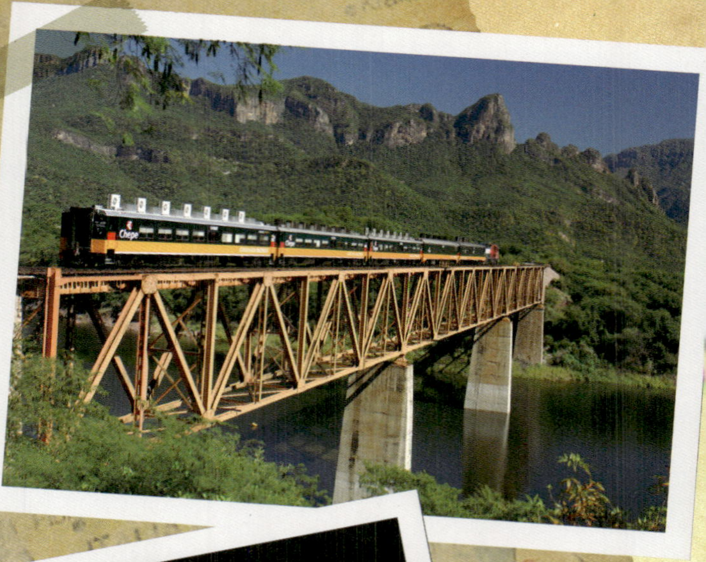
Chepe

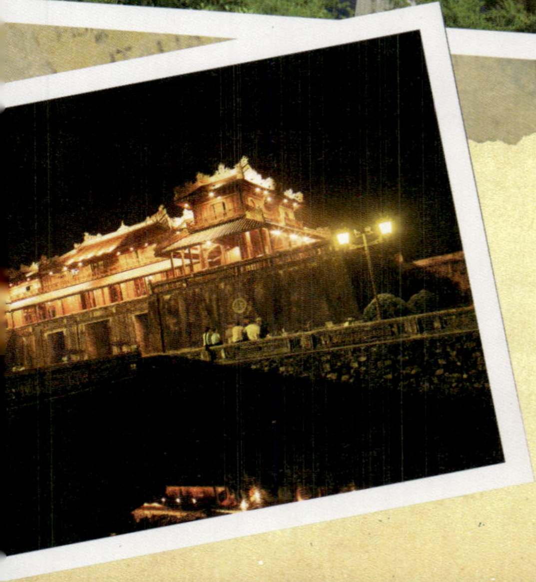

第5章
世界遺産を
結ぶルート

その他のエリア編

中東、アフリカ、アジア、オーストラリアetc.
世界遺産をハシゴできるルートは世界中にある！

カッパドキアに出合うため イスタンブールからトルコ横断

トルコ

訪れたい世界遺産
88 イスタンブール歴史地域
89 ギョレメ国立公園とカッパドキアの岩窟群

ボスポラス海峡を挟み、欧州とアジアが出合う街、イスタンブール。古代から貿易の要衝だった街は330年にローマ帝国の新都となり、その後オスマン帝国の首都として拡大を続けた。街の至るところに古代ローマ時代の重厚な建造物と、オスマン帝国時代の美しいモスクが数多く現存する。

トルコの交通機関はバス網が発達しているが、国土を横断する国鉄もある。イスタンブールから首都アンカラまではアンカラエキスプレスが走り、アンカラ駅からエルズルムエクスプレスに乗り換えると、古代から商業都市として栄えたカイセリへと至る。

→ railway DATA　イスタンブール〜カイセリ　約800km

右のアヤ・ソフィアは6世紀の聖堂。16世紀にモスクに改築、20世紀は博物館となった。左はスタルン・アフメト・モスク。

この近くの渓谷内に、キノコ岩などの奇石が林立する、有名なカッパドキアがある。太古の異空間を思わせる地下都市や岩窟教会が見ものだ。

トルコ国鉄は「遅い、遅れる」との批判もあるが、近年は高速化されてきており、寝台車はかなり快適な乗り心地。何より、車窓から見える褐色のアナトリア渓谷地帯の大自然を堪能できるのが、トルコ鉄道の醍醐味だ。

観光名所の博物館、モスクに囲まれたイスタンブールの日常。

イスタンブールのアジア方面への駅、ハイダルパシャ駅。

アナトリア高原のギョレメ渓谷にあるカッパドキア。奇岩地帯の中に紀元前から家が造られていった。

エジプト

車窓に世界遺産が連続して現れる ナイル川沿いのグリーンベルト

訪れたい世界遺産
- 90 カイロ歴史地区
- 91 古代都市テーベとその墓地遺跡
- 92 メンフィスとその墓地遺跡(ピラミッド)

ギーザのピラミッドや王家の谷、アブシンベル宮殿など世界遺産として人気のエジプトの遺跡群は、大河ナイル川沿いに点在する。ナイルが大動脈として文明を育んできたからだ。

今日もナイル川沿いはグリーンベルトと呼ばれる緑の肥沃な地で、地中海沿いのアレキサンドリアから上流のアスワンまで川沿いの都市をエジプト国鉄が結んでいる。

カイロのラムセス中央駅を発車すると、ほどなく3大ピラミッドとスフィンクスが鎮座するギーザに到着する。

ここからルクソールに向かう車窓からは、屈折ピラ

→railway DATA　カイロ〜ルクソール 約670km

210

カイロは13〜16世紀に繁栄したイスラムの都。千の塔の都と讃えられる。

ピッドやモスクなどの遺跡や建物群が眺められる。ナイル川を西岸から東岸へ渡る鉄橋を越えると、ほどなくルクソールへ到着。
前20世紀〜前11世紀まで、ここが大エジプト王国の首都であった。23mもの岩柱が今も134本も並ぶカルナック神殿の威容は圧巻だ。
またこの路線には、アベラ・エジプトという豪華寝台列車も運行しており、悠久の世界遺産と寝台列車の旅が同時に楽しめる。

ルクソールにある古代都市テーベ。この地はカルナック神殿、王家の谷などからなる。

ルクソール駅に停まる寝台列車アベラ・エジプト。

ギーザのピラミッドはカイロの
南西およそ17km。ピラミッド
地区までの地下鉄が、2020
年開通予定という計画もある。

アルジェリア

訪れたい世界遺産
93 アルジェのカスバ
94 ティパサ

オスマン帝国、フランス植民地、古代ローマ時代の遺跡を巡る

パリを彷彿とさせる美しい白い建物の街並と海岸線が共存する、北アフリカのアルジェリアの首都アルジェ。その旧市街の一画が、世界遺産のカスバだ。

カスバとは、オスマン帝国時代の16世紀に建てられた城塞を指し、街には当時のイスラムのモスクなどの建物と、その後のフランス植民地時代に建てられた白亜の建造物が折り重なる。その幻想的な雰囲気から、多くの映画の舞台にもなっている。

内陸部に広大なサハラ砂漠を抱えるこの国では、アルジェから地中海沿岸を東西に延びる鉄道網がある。西部のオラン駅は世界遺産

→railway DATA　アルジェ～ブリダ　約40km

白いフランス風の建物と地中海が美しいアルジェ。その駅に停まるのは、アメリカ製大型機関車が牽引する急行列車。

のサハラ砂漠（タッシリ・ナジェール）へ入る四駆ツアーの拠点だが、アルジェの隣駅ブリダの州にも世界遺産がある。ティパサの考古遺跡だ。こちらは1世紀中ごろ古代ローマの港町として栄えた壮大な古代ローマの遺跡群なのだ。

政情不安が続いてきたアルジェリアだが、美しい世界遺産も多くあり、現在サハラ砂漠方面など、国を挙げて鉄道復興計画が進められている。

カスバ（城塞のある旧市街）の住宅が密集する裏路地。

古代には劇場、闘技場、神殿、浴場があったティパサ。

216

紀元前7世紀に建設されたローマ植民都市のティパサ。7世紀にはすでに廃墟だったという。

モロッコ

イスラムの街並の迷宮都市と古代ローマ遺跡が共存する旅

訪れたい世界遺産
95 フェス旧市街
96 古都メクネス
97 ヴォルビリスの古代遺跡

有史以前に北アフリカを支配し、古代からはヨーロッパ、イスラム勢力が入植を繰り返してきたモロッコ。各時代の城塞、都市遺跡が複数世界遺産に登録されているが、中でも有名なのが「迷宮都市」として知られるフェス旧市街だ。808年に建設された同国最古の首都だが、旧市街は人がすれ違うのもやっとの道が無数に続く幻想的な街並。車は入れず、移動手段は徒歩か馬かラバのみだ。

この国の鉄道事情はフェス、ラバト、カサブランカなどの主要都市が国営鉄道で結ばれ、その車両は近代的で快適そのもの。フェスから首都ラバトへ向かう列車に乗ると、車窓にはオリーブ畑と褐色の台地の景色が流れ、

➡ railway DATA　フェス〜メクネス　約50km

街中が細い迷路のように入り組む世界最大の迷宮都市といわれるフェス旧市街。市内のなめし皮染色工房は人気の観光スポット。

約30分でメクネス駅へ到着する。ここには世界遺産が2つ。イスラム建築の傑作とされるマンスール門を持つ古都メクネスと、前1世紀の古代ローマの巨大凱旋門が残るヴォルビリスの古代遺跡だ。様々な民族が融合し、独特の文化と建物を生み出した証が刻まれている。

メクネス駅にモロッコ国鉄フェス行きの長距離列車が到着。

フェス駅。モロッコの駅舎は、どの駅もデザインが美しい。

18世紀から修復なしで美しさを保つメクネスのマンスール門。

ローマ遺跡の中でもモロッコ最古のヴォルビリスの古代遺跡。

ベトナム

訪れたい世界遺産
98 フエの建造物群
99 古都ホイアン

国を縦断する南北統一鉄道でいにしえの都を巡る旅

ベトナム中部にある港町ホイアンは16世紀後半に国際貿易港として栄えた街だ。徳川幕府時代には日本とも朱印船貿易がなされ、日本人街や中国人街が賑い、往時の日本・中国式建築物がいまも多数残る。

時は過ぎ19世紀、グエン朝がベトナムを統一すると、同じく中部の街フエに城郭都市が建設される。都市の中央には中国清朝の故宮を模造した王宮が建てられ、壮大なスケールを誇った。ベトナム戦争により多くが破壊されたが、いまも皇帝廟などの歴史的建造物が現存している。

この世界遺産に指定された2つの古都は、細長い国土を南北に貫くベトナム統一鉄道で巡ることができる。北にあ

➡ railway DATA　フエ〜ダナン　約100km

222

ライトアップされるフエの王宮の午門。グエン朝時代は、東西2km以上ある城内に40もの殿などの建物があった。

首都ハノイ駅から乗車すると、フエ駅に到着するまで早くても11時間。ここから古都ホイアンに近いダナン駅までは約2時間半の行程になる。主に地元の人が利用する列車は平均60km程度の速度で、水田、バナナ畑、ゴム園が広がるベトナムらしい風景の中をひた走る。

日本人が建設したとされる建物が残る古都ホイアンの街並。

224

畑の中を走る南北統一鉄道。
同列車はハノイ〜ホーチミン間
を2泊3日で結ぶ。フエ〜ダナン
はその中間あたり。

ホイアンの「日本橋」は日本人
街と中国人街を繋いでいた。

225

中国

北京の故宮から郊外の長城へ 壮大な王朝の歴史をたどる

訪れたい世界遺産
[100] 北京と瀋陽の明清王朝の皇宮群　[101] 頤和園、北京の皇帝の庭園　[102] 周口店の北京原人遺跡　[103] 万里の長城

中国が誇る世界遺産、万里の長城。その総延長は従来推測値だったが、2012年に中国政府は2万1196kmと公表した。現存部の大半は明代のものだが、地震や風雨浸食で保存状態が良い場所はわずか8％程度しかないという。そんな長城が威風堂々とそびえる山肌を蛇のように這う様は圧巻だ。北京北駅から八達嶺駅（長城へ徒歩15分）までの約60kmは特急列車、長城号が結び、あっという間に山間部に到着する（約1時間）。車窓からも長城の勇姿を堪能できる。
北京市内には世界遺産が4つもあ

人気の観光地が延慶県にある八達嶺だ。ここの長城の壁の高さは8m超、兵士が控える建物や烽火台もある。

→railway DATA　北京〜八達嶺　約60km

226

標高約1000mの北京郊外の八達嶺。観光用長城として整備されている。壁の凹型は、矢を下に射るための銃眼。煉瓦で壁は覆われている。

るが、観光客に人気なのは故宮。日本でも映画『ラスト・エンペラー』で馴染みの深い紫禁城は、東西760m、南北1kmという広大な敷地を持つ。その中に700を超す殿、閣、堂、房などの建物が密集している。城内は赤い屋根が美しい大きな街並のような風情だ。

左の線路を走っている白い車体の列車が長城号。

北京市にある頤和園(いわえん)も世界遺産。昆明湖に囲まれ、石橋などがある美しい庭園だ。

巨大な門が連なる故宮。天安門から入り、端門（写真）、午門、大和門を抜け、やっと中央の大和殿に到達する。

北京の北西郊外、燕山麓にある周口店の北京原人遺跡も世界遺産に登録されている。

韓国

超高速列車KTXで行く 王朝の遺跡と先史時代の支石墓

訪れたい世界遺産

104 宗廟　105 昌徳宮　106 朝鮮王朝の王墓群
107 高敞、和順、江華の支石墓群跡

韓国の首都ソウルは、朝鮮王朝遺跡の宝庫だ。中心部にある宗廟は、14世紀に建てられた朝鮮王朝の歴代王と王妃の位牌を祀る霊廟。幅100mもある正殿内部に49の位牌が祀られている。また、宗廟の近くには15世紀に建てられた第3代王の離宮、昌徳宮(チャンドックン)がある。と

もに1592年の豊臣秀吉の出兵「文禄の役」で焼失してしまったが、その後すぐに再建されている。

さらに、半島広域に分布する朝鮮王朝の王墓群が、09年に世界遺産に登録された。これはソウル市にも一部がある。同じ墓群でも、韓国には先史時代の石組みの墓が密集する地域もある。これも世界遺産で、高敞(コチャン)、和順、江華の支石墓群跡だ。

➜railway DATA　ソウル〜光州　約350km

15世紀建造の昌徳宮の正門、敦化門。宮内には橋、池、東屋が多数あり、韓国庭園の傑作とされている。

その1つ、光州から東南17kmにある和順の支石墓跡は、一帯になんと1000もの支石墓が密集している。どれも不思議な形の組み石で、一見では石のオブジェのようだ。ソウルの龍山駅から和順に近い光州駅までは、韓国が誇る高速列車KTXで3時間弱だ。

最高速度300kmのKTX。ソウル～釜山間は2時間34分。光州へは在来の湖南線へ乗り入れての運行になる。

宗廟の正殿。毎年王朝の末裔一族が伝統衣装で宗廟大祭を行っている。

朝鮮王朝の王墓。韓国の古墳はどれもお椀のような丸い形をしている。

和順にある石組みの支石墓群。多数あり、それぞれ違う組み方になっている。古代巨石文化を今に伝える遺跡だ。

メキシコ

カリフォルニア湾から観光列車でメキシコ高原の大渓谷を走る

訪れたい世界遺産
108 カリフォルニア湾の島々と保護地域群
109 パキメの遺跡、カサス・グランデス

メキシコの太平洋岸にあるカリフォルニア湾は、カリフォルニア半島の内側の海域。その長さは1250kmもある。手つかずの海岸線と240以上の島々からなるこの海域は、クジラ、イルカ、シャチ、ゾウアザラシなどの一大回遊地としても、世界遺産に登録されている。半島の太平洋側にはエルビスカイノ・クジラ保護区があり、ザトウクジラ、コククジラなどの繁殖地。クジラの楽園として観光客で賑わう。

さらに、湾内の海岸線に近い街、ロスモチスを起点とする観光列車チワワ鉄道も、このエリアの名物だ。

海沿いの街を出た列車は、マルガリータの花が咲くメキシコ高原を走り、やがて西シエラマ

→ railway DATA　ロスモチス〜チワワ　約500km

1377kmと南北に長いカリフォルニア湾は、クジラやマンタなど類まれな海洋生物の宝庫。ダイバーの聖地でもある。

ドレ山脈の標高2400mまで駆け上がる。ここにはグランド・キャニオンの4倍の大きさといわれる渓谷、コッパー・キャニオンがある。絶景の中を走る列車の終点はチワワ。この州にある先史時代の遺跡、パキメの遺跡も世界遺産登録されている。

チワワ州にある10世紀前半の都市遺跡パキメ。住宅跡、神殿跡などがある。

終点は標高2000mの街チワワ。14時間かけて壮大な景色を楽しむ列車だ。

太平洋沿岸から、山の上の砂漠の街までを結ぶチワワ太平洋鉄道。列車はコッパー・キャニオンの中を縫うようにひた走る。

オーストラリア

豪州の海と山の世界遺産を両方味わえる高速列車

訪れたい世界遺産
110 オーストラリアのゴンドワナ雨林
111 フレーザー島

オーストラリア有数のリゾート地、ゴールドコーストに近いブリスベン。内陸部には世界遺産、ゴンドワナ雨林が広がる。ここは大陸がまだ1つだった時代の貴重な植生に出合えると人気のスポットだ。

ケアンズの間では、24時間で結ぶ、高速列車ティルトトレインと、32時間の寝台特急サンランダーが走っている。

ブリスベンから約5時間の途中駅メリーバラ。ここから世界最大の砂の島、世界遺産でもあるフレーザー島はもうすぐだ。

同国は長距離列車が充実している。ブリスベンから

オーストラリアの高速列車ティルトトレイン。

●railway DATA　ブリスベン〜メリーバラ　約240km

世界遺産登録された自然保護区の中で、比較的ブリスベンに近いスプリングブルック国立公園。

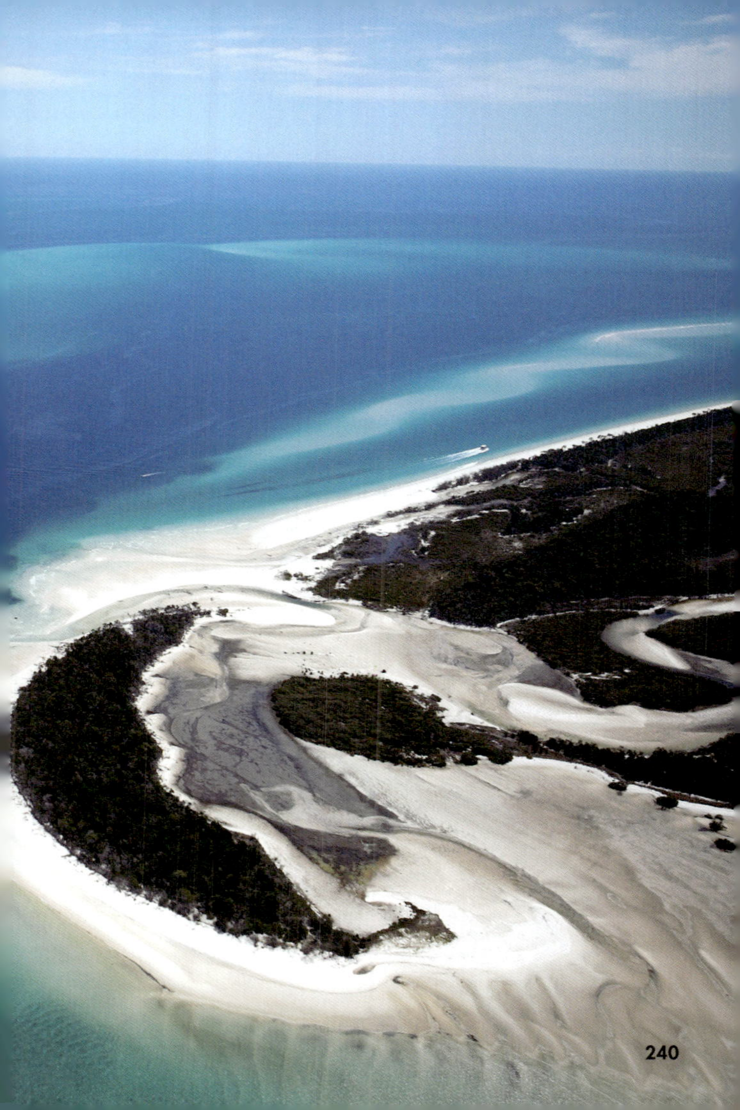

白い砂浜と森の島、フレーザー島。様々な形状の砂丘があり、高いところで240mにも及ぶ。いまも砂が堆積し続ける。

ヨーロッパの世界遺産を 鉄道で巡るための情報サイト

多くの世界遺産を鉄道で巡るとなると、やはりヨーロッパがおすすめ。
ここでは、ヨーロッパ鉄道旅のための情報集めに有用なサイトを紹介する。

旅の情報はまずは インターネットから

　個人で旅をする際、情報集めは不可欠だ。もちろん、代理店へ直接行って情報を集めることもできるが、まずはインターネットで検索をして、各国の事情を調べることが大切だ。特に、テロや紛争などが起こっている（起こっていた）国などは、外務省の海外安全ホームページで渡航情報を調べる必要がある。

　また、一口に代理店といっても、それぞれお店によって得手不得手があり、地域ごとの特色も異なるため、「世界遺産を鉄道で巡る」という条件付きの旅行であれば、そのお店が鉄道で旅するために必要な情報を多く持っているかどうかが、その先の手配や旅を順調に進められるかの重要な鍵となってくる。

ヨーロッパの鉄道に強い手配会社

専門知識を持った会社を 利用すべし

　ヨーロッパ鉄道旅行は手配段階での成否によって、その先の旅の善し悪しが決まるといっても過言ではない。また、ヨーロッパの鉄道手配は非常に複雑で難しいため、特に初心者の方は専門知識を多く持っている手配会社を選ぶことが大切だ。

　実際にある話で、同区間を走る、同時刻の、同じ所要時間で走る列車が、席によって3倍以上も値段が異なったりするのだ。こうした情報は、知らない人にはまったくわからない。専門的な知識を持った会社なら、いろいろなチケットのプラス面やマイナス面を熟知しているので、いくつかの提案の中から、きっと自分に最適な乗車券を選ぶことができるだろう。ここでは、特にヨーロッパの鉄道手配に詳しい手配会社のサイトを2つ紹介する。

地球の歩き方トラベル　ヨーロッパ鉄道の旅

http://rail.arukikata.com/

いわずと知れた旅行ガイドブック『地球の歩き方』の鉄道サイト。ヨーロッパの鉄道に関する、様々な情報が掲載されている。サイト上で様々なレイルパスの販売を行っているほか、東京新宿に「地球の歩き方　旅プラザ」と大阪梅田に店舗もある。ちなみに、店舗スタッフの鉄道手配に関する知識レベルは高く、安心して手配を頼むことが可能だ。

ヨーロッパ鉄道チケットセンター

http://www.railstation.jp/

ドイツ鉄道日本総代理店「有限会社　鉄道の旅」のサイト。日本におけるヨーロッパ鉄道関連の情報量では、間違いなくトップを誇り、その情報に裏打ちされた確かな手配は、多くの旅慣れた人たちをも納得させる。日本国内では、ここでしか手配できない特別な列車や座席も多くある。初心者のみならず、旅慣れた人にも非常に有用なサイトだ。

ヨーロッパの鉄道最新情報を見られるサイト

ヨーロッパ鉄道は
最新情報が肝心

　日本と異なり、ヨーロッパの鉄道は頻繁に状況が変化する。いつの間にかダイヤが修正されて、「列車が調べた時間通りに来なかった！」なんてことは日常茶飯事。つい先月まであったサービスが無くなっていたり、逆に新しいサービスが始まっていたり、その変化は著しい。日本の常識は、現地では通用しないなんてことがたくさんあるといえる。

　こうした変化には、常に最新の情報を提供してくれるサイトを日々チェックすることが必要だ。

　以下のサイトは、現地から届く最新の情報をいち早く教えてくれるサイトだ。毎日とはいかずとも、旅行が近くなってきたらちょっと目を通しておくと、知っていて良かった情報をいち早くゲットできる可能性もある。

ヨーロッパ鉄道旅行相談室
～日本初ヨーロッパ鉄道旅行専門家白川純のブログ
http://blog.livedoor.jp/shirakawajun/

「有限会社　鉄道の旅」社長で、ヨーロッパ鉄道手配のスペシャリスト、白川純氏のブログ。実際にチケットを手配したお客様から、帰国後に受け取った現地最新情報を社長自身が管理するブログ上で公開し、広く共有することが売りとなっている。日本と異なり、現地の事情が頻繁に変わるヨーロッパにおいて、現地からの新鮮な声を読むことができる、大変有用なサイトだ。

鉄道ネタ満載！鉄道担当 鹿ちゃんの鉄道ブログ
http://arkatalog.weblogs.jp/railtrain/

地球の歩き方編集部で長年、鉄道関連の書籍を担当する傍ら、手配も担当するヨーロッパ鉄道のスペシャリスト、鹿野博規氏のブログ。販売サイトではないので商品そのものの情報は少ないが、現地の運休情報や新しい列車の紹介、おすすめの鉄道ルートやお得な企画乗車券の情報など、鉄道手配担当者ならではの豊富な知識を基にした最新情報が満載だ。

その他の情報サイト

ヨーロッパ鉄道旅行ガイド（レイルヨーロッパ公式）
http://www.railguide.jp/

日本トップシェアを誇る鉄道予約端末会社、レイルヨーロッパジャパン公式の情報サイト。レイルパスや各列車の詳細など、一般的な情報が掲載されている。

スイス政府観光局
http://www.myswiss.jp/

スイス政府観光局の公式ホームページ。鉄道のみならず、多くの観光情報が提供されており、スイス国内の世界遺産に関する情報も掲載されている。

絶対に行きたい世界遺産へ
夢の鉄道旅ベスト50

世界遺産&
鉄道路線地図一覧

※オリエント急行で巡る世界遺産、レーティシュ鉄道、アルプス山脈を走る鉄道、ゼメリング鉄道、インド山岳鉄道はそれぞれの紹介記事内に地図が入っています。地図の見方は目次の9ページで解説しています。

P024-029 ケアンズ〜キュランダ

- キュランダ
- 太平洋
- グレート・バリア・リーフ
- バロンゴージ国立公園
- ケアンズ
- キュランダ・シーニック鉄道
- 20km

P012-017 ヨハネスブルグ〜ヴィクトリア・フォールズ

- ヴィクトリアの滝
- ザンベジ川
- ヴィクトリア・フォールズ
- ジンバブエ
- ナミビア
- ボツワナ
- ヨハネスブルグ
- キンバリー
- 南アフリカ
- 大西洋
- ケープタウン
- インド洋
- 500km

P030-035 コンウェイ〜ホリーヘッド

- アングルシー島
- ボーマリス城
- マンチェスター
- コンウェイ城
- ホリーヘッド
- カーナーヴォン城
- ハーレフ城
- カンブリア山脈
- バーミンガム
- イギリス
- ロンドン
- カーディフ
- 100km

P018-023 バンクーバー〜バンフ

- カナディアン・ロッキー山脈自然公園群
- ジャスパー
- カナダ
- ロッキー山脈
- ジャスパー国立公園
- エドモントン
- コロンビア山
- ヨーホー国立公園
- バンクーバー
- カルガリー
- バンフ国立公園
- クートネー国立公園
- アメリカ
- 300km

246

世界遺産&鉄道路線地図一覧

P052-057 クスコ～マチュ・ピチュ

ペルー
マチュ・ピチュ遺跡
オリャンタイタンボ
マチュ・ピチュ
クスコ市街
アプリマク川
50km

P036-039 コブレンツ～ビンゲン・アム・ライン

ボン
ドイツ
コブレンツ
ライン渓谷中流上部
ローレライ
フランクフルト
モーゼル川
ライン川
ビンゲン・アム・ライン
マインツ
50km

P058-061 中央駅～悪魔ののど笛駅

1km
イグアス国立公園
中央駅
カタラタス(滝)駅
イグアスの滝
悪魔ののど笛駅

P040-043 ローザンヌ～モントルー

スイス
ラヴォー地区の葡萄畑
ローザンヌ
モルジュ
ヴヴェイ
レマン湖
ニヨン
モントルー
フランス
ジュネーブ
20km

P062-065 ウィリアムズ～グランド・キャニオン

アメリカ
サンフランシスコ
グランド・キャニオン
ラスベガス
グランド・キャニオン
ウイリアムズ
ロサンゼルス
200km
メキシコ

P044-047 ウランウデ～イルクーツク

100km
アンガラ川
ロシア
バイカル湖
オリホン島
イルクーツク
ウランウデ
シベリア鉄道

247

P112-115 パリ〜レンヌ

- イギリス海峡
- セーヌ川
- ル・アーヴル
- パリ
- エッフェル塔
- ヴェルサイユ宮殿
- モン・サン・ミシェル
- レンヌ
- ルマン
- フランス
- ロワール川
- 100km

P066-069 グアダラハラ〜テキーラ

- メキシコ
- リュウゼツラン景観と古代テキーラ産業施設群
- オスピシオ・カバーニャス
- グアダラハラ
- テキーラ
- メキシコ・シティ
- テキーラエクスプレス
- 200km

P116-119 リヨン〜アヴィニョン

- 50km
- 歴史地区
- リヨン
- アルプス山脈
- ローヌ川
- アヴィニョン
- 歴史地区
- ポン・デュ・ガール
- マルセイユ
- 地中海

P076-079 西寧〜ラサ

- ロシア
- モンゴル
- 青蔵鉄道
- 西寧
- 北京
- ポタラ宮
- ラサ
- 中国
- 上海
- インド
- ミャンマー
- 台湾
- 500km

P120-123 リスボン〜ポルト

- 大西洋
- 歴史地区
- ポルト
- ポルトガル
- スペイン
- リスボン
- ジェロニモス修道院とベレンの塔
- 100km

P080-083 ナイロビ〜モンバサ

- ケニア
- ケニア山
- ナイロビ
- ジーザス要塞
- モンバサ
- キリマンジャロ山
- タンザニア
- ミジケンダの聖なるカヤの森林
- インド洋
- 200km

248

世界遺産&鉄道路線地図一覧

P136-139 コペンハーゲン～リューベック

- クロンボー城
- コペンハーゲン
- デンマーク
- バルト海
- ロービュ
- プットガルテン
- ハンザ同盟都市
- リューベック
- ドイツ
- スウェーデン

50km

P124-127 カーライル～エディンバラ

- グラスゴー
- 旧市街と新市街
- エディンバラ
- ハドリアヌスの長城
- カーライル
- イギリス

50km

P140-143 ケルン～アーヘン

- オランダ
- デュッセルドルフ
- マース川
- ケルン
- ケルン大聖堂
- ブリュール
- アーヘン
- アーヘン大聖堂
- アウグストゥスブルク城
- ボン
- ベルギー
- ドイツ

30km

P128-131 ベルゲン～オンダールスネス

- オンダールスネス
- ガイランゲルフィヨルド
- ベルゲン
- ノルウェー
- ネーロイフィヨルド
- ブリッゲン
- オスロ
- スウェーデン

100km

P144-147 ブリュッセル～ルクセンブルク

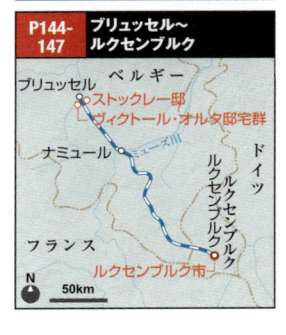

- ブリュッセル
- ベルギー
- ストックレー邸
- ヴィクトール・オルタ邸宅群
- ナミュール
- ミューズ川
- ルクセンブルク
- ドイツ
- フランス
- ルクセンブルク市

50km

P132-135 ストックホルム～ファールン

- ファールン大銅山地域
- ファールン
- スウェーデン
- ストックホルム
- ビルカとホーヴゴーデン
- ドロットニングホルムの王領地
- バルト海

50km

P160-163 セビリア～グラナダ

- スペイン
- コルドバ
- グラナダ
- セビージャ
- セビージャの大聖堂
- アルハンブラ宮殿
- マラガ
- 地中海
- 100km

P148-151 ブリュッセル～アムステルダム

- アムステルダム
- ディフェンス・ライン
- シンゲル運河
- 北海
- ハーグ
- ロッテルダム
- ライン川
- オランダ
- ベルギー
- アントワープ
- ブリュッセル
- グラン・プラス
- 50km

P164-167 ミラノ～バルセロナ

- 100km
- スイス
- サンタ・マリア・デッレ・グラツィエ教会
- フランス
- グルノーブル
- トリノ
- イタリア
- ミラノ
- ペルピニャン
- フィゲラス
- ジローナ
- スペイン
- バルセロナ
- 地中海
- ガウディの作品群
- カタルーニャ音楽堂とサン・パウ病院

P152-155 クエンカ～バレンシア

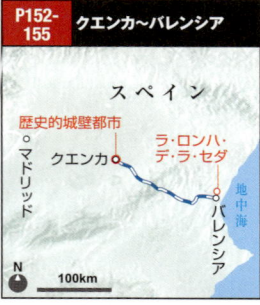

- スペイン
- 歴史的城壁都市
- マドリード
- クエンカ
- ラ・ロンハ・デ・ラ・セダ
- バレンシア
- 地中海
- 100km

P168-171 ピサ～ラスペツィア

- イタリア
- ボローニャ
- チンクエ・テッレ
- ラスペツィア
- フィレンツェ
- 地中海
- ピサ
- アルノ川
- ドゥオモ広場
- 50km

P156-159 マドリード～トレド

- スペイン
- マドリード
- タホ川
- タホ川
- トレド
- アランフェスの文化的景観
- 古都トレド
- 50km

世界遺産&鉄道路線地図一覧

P184-187 ワルシャワ～クラクフ

- ヴィスワ川
- 歴史地区 / ワルシャワ
- ポーランド
- 歴史地区 / クラクフ
- ヴィエリチカ岩塩坑
- 50km

P172-175 フィレンツェ～ローマ

- 歴史地区 / フィレンツェ
- イタリア
- 地中海
- サン・ピエトロ大聖堂
- バチカン市国 / ローマ
- 50km

P188-191 プラハ～チェスキー・クロムロフ

- ポーランド
- ドイツ
- 歴史地区 / プラハ
- ラベ川
- ヴルタヴァ川
- チェコ
- ホラショヴィツェ歴史地区
- チェスケー・ブディヨヴィツェ
- チェスキー・クルムロフ 歴史地区
- 50km

P176-179 ローマ～ナポリ

- アドリア海
- 歴史地区 / エステ家別荘
- ローマ
- イタリア
- ナポリ / 歴史地区
- ティレニア海
- 地中海
- 50km

P192-195 ウィーン～ザルツブルク

- ドイツ / チェコ
- 歴史地区
- ドナウ川
- リンツ / ウィーン
- 歴史地区 / ザルツブルク
- シェーンブルン
- オーストリア
- ハンガリー
- 50km
- スロヴェニア

P180-183 ナポリ～サレルノ

- イタリア
- 50km
- 18世紀の王宮
- ヴェスヴィオ火山
- ナポリ / ポンペイ
- イスキア島
- ソレント / サレルノ
- カプリ島
- アマルフィ海岸
- ティレニア海

251

P210-213 カイロ〜ルクソール

- 地中海
- アレクサンドリア
- 歴史地区
- ピラミッド地帯
- カイロ
- ギーザ
- エジプト
- 紅海
- 古代都市テーベ
- ルクソール
- アスワン

N 200km

P196-199 アテネ〜テッサロニーキ

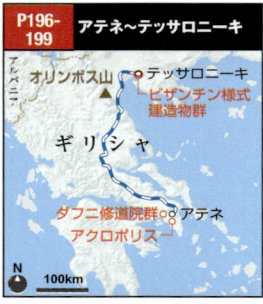

- オリンポス山
- テッサロニーキ
- ビザンチン様式建造物群
- ギリシャ
- ダフニ修道院群
- アテネ
- アクロポリス

N 100km

P214-217 アルジェ〜ブリダ

- 地中海
- アルジェのカスバ
- アルジェ
- ティパサ
- ブリダ
- アルジェリア

N 20km

P200-203 ロッテルダム〜ユトレヒト

- アイセル湖
- 北海
- オランダ
- アムステルダム
- シュレーテル邸
- ロッテルダム
- ユトレヒト
- ライン川
- キンデルダイク・エルスハウトの風車群

N 50km

P218-221 フェス〜メクネス

- スペイン
- ジブラルタル海峡
- 大西洋
- ヴォルビリスの古代遺跡
- フェス旧市街
- ラバト
- メクネス
- フェス
- カサブランカ
- 古都メクネス
- モロッコ

N 100km

P206-209 イスタンブール〜カイセリ

- 黒海
- 歴史地域
- イスタンブール
- イズミット
- アンカラ
- トルコ
- ギョレメ国立公園
- カイセリ
- アンタルヤ
- シリフケ
- 地中海

N 100km

252

世界遺産&鉄道路線地図一覧

P234-237 ロスモチス〜チワワ

- シウダー・フアレス
- パキメの遺跡
- チワワ
- 西シエラマドレ山脈
- メキシコ
- ロスモチス
- カリフォルニア湾と島々
- カリフォルニア半島
- ラパス
- 太平洋
- 100km

P222-225 フエ〜ダナン

- フエの建造物群
- フエ
- 南シナ海
- ベトナム
- ダナン
- 古都ホイアン
- 20km

P238-241 ブリスベン〜メリーバラ

- 100km
- フレーザー島
- メリーバラ
- 太平洋
- オーストラリア
- ブリスベン
- スプリングブルック国立公園ほかゴンドワナ雨林群

P226-229 北京〜八達嶺

- 八達嶺
- 万里の長城
- 中国
- 首都空港
- 頤和園
- 北京北駅
- 故宮(紫禁城)
- 天壇
- 周口店
- 10km

P230-233 ソウル〜光州

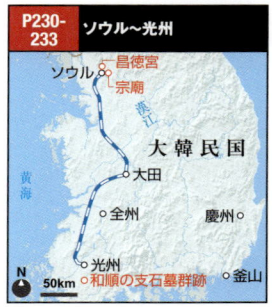

- 昌徳宮
- ソウル
- 宗廟
- 漢江
- 大韓民国
- 大田
- 全州
- 慶州
- 黄海
- 光州
- 和順の支石墓群跡
- 釜山
- 50km

253

撮影

表紙:SIME Srl./アフロ

SIME Srl./アフロ(P10、P11、P14、P46、P47、P71、P74、P75、P110、P122、P123、P142、P146、P164、P175、P176、P194、P196、P210、P212、P234、P240)
AGE FOTOSTOCK/アフロ(P12、P33、P41、P44、P82、P105、P154、P155、P186、P220、P236)
HEMIS/アフロ(P16、P66、P69、P116、P160、P216)
John Warburton-Lee/アフロ(P17、P46、P32)
Alamy/アフロ(P18、P30、P34、P35、P50、P51、P62、P64、P68、P78、P82、P84、P87、P98、P102、P107、P132、P145、P150、P212、P214、P239)
All Canada Photos/アフロ(P20、P22)
Prisma Bildagentur/アフロ(P22、P204、P236)
山本忠男/アフロ(P23)
清水誠司/アフロ(P24)
David Wall/アフロ(P26、P28、P29)
Photononstop/アフロ(P29、P109、P112)
Loop Images/アフロ(P34)
伊東町子/アフロ(P36、P38、P125、P181、P188、P192)
土屋豊/アフロ(P48)
保屋野参/アフロ(P49、P52)
Jose Fuste Raga/アフロ(P54、P65、P68、P158、P206、P209、P228)
遠藤徹/アフロ(P58、P103、P228)
白崎良明/アフロ(P60、P118)
マリンプレスジャパン/アフロ(P60)
First Light Associated Photographers/アフロ(P69)
長岡洋幸/アフロ(P76、P78)
西端秀和/アフロ(P79、P198)
NORDICPHOTOS/アフロ(P80)
今村豊/アフロ(P89)
Christof Sonderegger/アフロ(P90)
Makiko Izumiyama/アフロ(P100)
Dinodia Photo/アフロ(P106)
imagebroker.net/アフロ(P108)
富井義夫/アフロ(P114、P166、P184、P221)
HIROSHI HIGUCHI/アフロ(P115)
The Bridgeman Art Library/アフロ(P126)
PHOTOAISA/アフロ(P134、P186、P198)
高田芳裕/アフロ(P134、P162)
三枝輝雄/アフロ(P136、P138、P190)
石原正雄/アフロ(P140、P148)